大手町のカレーライス屋さん

私の母75歳と、
叔母68歳できりもりする
都心の小さなレストラン

櫻澤香 著

セルバ出版

はじめに

本書を手に取ってくださり、誠にありがとうございます。

本書は、これから「お店屋さん」を始めたい方に向けて、すぐに実践できる「店舗のつくり方」をお伝えできればよいなと思って書きました。

「お店」と言ってもその業態は様々なので、「飲食店」「雑貨店」「カフェ」を開店する際に必要になると予想されることを、まとめてあります
前半は、店舗開発から運営までを解説させていただきました。後半は、私が日々取り組んでいるサービスと、繁盛店ならではの温かいエピソードです。

店舗を持つと浮かんでくる疑問や、従業員を雇った場合の事務手続など、日々の業務について、大まかにではありますが、解決できる内容になっています。

人生の中で最も達成感を味わえるものは「仕事」です。

仕事の中でも、多くの人が「お店」を持って、自分でお商売してみたいなと考えているようです。

私は、飲食店を2店舗、東京の銀座と大手町にて経営しています。どちらの店舗も、小規模で温かくて多くのお客様にご愛顧いただいております。最初に自分のお金で、出店したお店は、カレーライス専門店「蜂の家（はちのや） 銀座本店」です。地下にあるカウンター10席ほどのお店でした。後にも先にも、この地下のお店が、最も早いスピードで繁盛し成長したお店だったと思います。

銀座4丁目の地下1階で、12坪（41平米）に、客席、キッチン、倉庫すべてが詰まった場所は、私の会社の出発点となりました。ほがらかなスタッフと、1皿700円のカレーライスが絶妙なバランスで構成されていて、楽しくて明るいお店でした。今は、移転してちょっと立派な、2階建ての路面店になりました。歌舞伎座のすぐお隣に位置します。

銀座本店が好評で、「大手町フィナンシャルシティ」という三菱地所さんの新しいビルに出店することができました。私のような小さな会社では、奇跡的なことだったと思います。

本の題名である「大手町のカレーライス屋さん」は、私の母が店長で、叔母が接客・サービス担当をしている「蜂の家　大手町フィナンシャルシティ店」のことです。

三菱地所さんの街づくりの中でも「金融」の中枢を担った場所で、私たちのお店が「愛情とサービス」を持って頑張っている姿を、ご紹介します。

私の母が、大手町で「店長」になったのは、67歳の時でした。叔母も60歳の時です。普通だったら、定年を迎えるような年齢で、新規店舗に取り組んでもらいました。

最初は2人とも戸惑っていましたし、都会の洗練された街で、どこまで働くことができるのかと少しの葛藤もありました。でも、不思議なことに、母と叔母の持つ「優しさ」と「人懐こさ」が、大手町のサラリーマンの皆さんの癒しになっていきました。おかげさまで私たちは、大手町で働く人たちにとって「実家」と呼ばれるお店になりました。

休暇明けに「ただいま～」と手土産を持って来店されるお客様が、たくさんいます。食事だけではなく、雑談や、雰囲気を楽しみに来てくださるお客様もいます。そんなときに、「人って人によって、生かされているのだな」と感じます。

現代は、人との関わりを、避ける傾向にあるので、この都心のお店での現象は、「人間」の持つ本来のあり方を、気持ちよく垣間見ることができ、心地よい裏切りを体感できます。

現代社会においても、人と人の「ふれあい」は、何かを動かすことができ、支え合うことによって相乗効果が生まれることは、昔と全く変わっていないと再確認をすることができます。

「人は、人がいないと暮らしていけないよ」という普通の出来事なのですが、「愛情」こそが、何より「人助け」になると自信をもって店舗運営をすることができています。私たちは、来店されるお客様に、たっぷりと愛情を注ぎ、受け止めてもらい、毎日お店を開店させます。

周りの店舗を見渡しても、こんなにアットホームでこじんまりしたお店はありません。でも、「このお店は、都心に必要だったんだな」と感じることが多いです。お客様に寄り添うことによって、お店を切りもりする私たちも、感動と幸せを頂戴しています。

よいことが沢山ありますから、私たちはこれからも「カレーライス屋さん」を続けるつもりです。

家族経営だからできる、ほっとする「店舗運営」の秘訣を、どうぞお楽しみください。

櫻澤　香

２０２１年５月

大手町のカレーライス屋さん
~私の母75歳と、叔母68歳できりもりする都心の小さなレストラン　目次

はじめに

第1章　お店屋さんのつくり方（レストラン編）

1　店舗のつくり方（レストラン）…12
2　場所の決め方…14
3　お店に必要な資格・届出…17
4　お店のデザインはどうする？…18
5　メニューのつくり方（最初は少なめに）…24
6　採用の仕方…27
7　シフト表のつくり方…29
8　レジについて…32
9　食器・備品の購入の仕方…33
10　お釣りやカードなど決済方法の選び方…36

11　小口現金について…42
12　営業時間と定休日について…45
13　出前・物販について…47
14　写真を撮ろう…50
15　オープン前日・当日の過ごし方…53

第2章　お店屋さんのつくり方（雑貨・カフェ編）

1　店舗のつくり方（雑貨・カフェ）…58
2　商品の仕入の仕方…61
3　1人でもできるオペレーション…64
4　オリジナル商品の制作…68
5　輸入・買いつけの仕方…73
6　棚卸をしてみよう…76
7　在庫管理…78
8　利益率について…80
9　ディスプレイ（展示・陳列）の重要性…82

10　お店の名刺をつくろう…85

第3章　お店を流行らせる方法（集客の仕方）

1　プレスリリースをつくろう（お店の宣伝の仕方）…88
2　チラシ・クーポンをつくろう…92
3　テレビや、雑誌、新聞に出る努力の仕方…95
4　接客・サービスの重要性…97
5　出店は、外見ではなく「味・商品・サービス」…99
6　繁盛店は「美味しい」「かわいい」＋「よい空気感」…102
7　清潔・誠実であること…105
8　比較サイトは気にしない…107

第4章　お店を継続させるためのコツ

1　組織図をつくろう…112
2　勤務表について…115

3　お給料の計算について…117
4　働くみんなに必要な保険について…119
5　所得税・年末調整について…121
6　決算・確定申告について…124
7　予算について…127

第5章　小さな組織だからできた自由な働き方

1　すべてのシニアに定年はない…132
2　リストラの必要がない…134
3　いつも協力できる…136
4　ずっと一緒にいれる「幸せ」…139
5　売上に左右されないチームワーク…141
6　お休みは、「お先にどうぞ」…144
7　何でも相談できる…145

第6章　「大手町のカレーライス屋さん」～東京・大手町でカレー姉妹と呼ばれる

1　大手町と「三菱地所」…150
2　恵子さんと加奈子さん…152
3　昭和感あふれる「手書きのPOP」の魅力…156
4　お客様にもらう喜び…158
5　おせっかいでコミカル…160
6　「また来てね」って言えてしまう…163
7　近隣店舗の若いスタッフに頼られる…164
8　2人に「会いたくて」来てくれるお客様…166
9　大手町で受け継がれる「口コミ」…169
10.　「カレー姉妹」から伝えたいこと…172
11　「長崎・佐世保」の蜂の家について…176

あとがき

第1章　お店屋さんのつくり方（レストラン編）

1　店舗のつくり方（レストラン）

「何」のお店にするか考える

レストランは、最初に「何」を提供したいかを考えることが大切です。「専門店にしたいか」、「ファミリーで利用してほしいか」、「お酒を出したいか」など、何でもいいので、自分のやりたい業態をイメージしてください。

頭の中に、続けられそうな「お店」が思い浮かんだら、それをもとに何となくでいいので「絵」を描いてみると整理できると思います。

「ジャンル」を見てみよう

参考にするとわかりやすいのは、「食べログ」などの比較サイトに出てくる「ジャンル」です。「焼肉」「寿司」「居酒屋」「イタリアン」「ラーメン」「カフェ」が、トップページに出てきます。ということは、この6つが、よく検索されている業態ということになります。

その他の分け方としては、「和食」「そば・うどん」「焼き鳥」「天ぷら」「串揚げ」「お好み焼き」「フレンチ」「パスタ」「ピザ」「ハンバーグ」「中華料理」「餃子」「韓国料理」「カレー」「ケーキ」「バー」などがあります。

どうですか？　やってみたいお店が想像できたでしょうか？

「地域」はどこにするか

その次、「地域」ですね。どこにお店を持ちたいか。もしくは、自分の生活圏を考慮して、出店場所を決めるか。自分のご自宅を改装して「お店」にするという方法もあります。いずれにしても、長く続けるためには、通いやすい場所であるということも大事なポイントになります。

次に、どういうときに利用してほしい「お店」にするかです。「１人でもゆっくりできる」「お子様もご利用できる」「接待でも対応可能」「デートも楽しめる」「女性をメイン顧客に」「宴会もできる」「オシャレな空間」など、レストランはいろいろな利用の仕方があります。

だんだんと、見えてきませんか？

「広さ」を考える

その次、どのくらいの広さだったら、自分に合っているかなというのも大事です。

最初に、小さく自分の理想のお店を持つならば、10席くらいでも十分だと思います。

20席以上のお店になると、１人でできない場合が多いですので、人を雇わなければならなくなります。もちろん、人を雇って長く続けられるほうがいいのですが、最初から頑張って大きなお店を持つと、運営が大変になります。

【図表1　自分に合ったサイズを考える】

✔	「何」を提供したいか	「焼肉」「寿司」「居酒屋」「イタリアン」「ラーメン」「カフェ」？
✔	どこにお店を持ちたいか	自分の生活圏 or 自宅を改装
✔	どういう時に利用して欲しい「お店」にするか	1人 / お子様 / 接待 / デート / 宴会 / オシャレな空間
✔	自分に合っている広さは？	10席　/　20席以上で人を雇う

自分でつくったお料理を、美味しく、楽しく提供して、繁盛店を目指すなら、最初にしっかりと、「自分に合ったサイズ」を考えたほうが得策だと言えます（図表1）。

2　場所の決め方

「場所（不動産）」を決める

場所は、「お店」にとっては、とても大事なポイントになります。決めるときに、大きな分かれ道となるのが、「家賃が高くても人が集まる場所」「家賃が安くて人が集まらない場所」です。

これは、本当に難しい選択になります。

毎月払い続けるお家賃を考えると、お安いほうがよいし、そうは言っても、人が集まらないとお商売になりません。

では、中間があるかというとそうでもないんですね。その他ですと、郊外店舗で、駐車場つきの大型のファミリーレストランや回転寿司など、規模が大きいものです。

高速道路のサービスエリア、山小屋など確実にお客様が来そうな場所もありますが、1店舗目としては荷が重いと思います。

「直感」を信じる

では、私が通常、どのような方法で決めているかと言いますと、「フィーリング（直感）」です。

出店候補地に「思い出」がなくても、「ご縁」が今までなかったとしても「ここ好きだな」「よい街だな」と思うことを一番大切にしています。

なぜかというと、「好きな場所」は、通勤したくなるし、その街のために頑張れそうな気がするし、よい日もそうでない日も、そこで過ごせるような感覚になれるからです。

「この街、いいな」と思ったら、不動産を探します。不動産屋さんも、これまたフィーリングで決めます。親切そうな、出店について前向きな担当者の方がついてくれたら、なお有難いです。

どんなに有名な不動産屋さんでも、否定的なことを言う人（例えば、「ここじゃ、そんな業態無理ですよ」など）に当たってしまったら、私はすぐに諦めて、次を探します。

「自分で決める」

最初の1店舗目は、自分の理想を追ってしまっては、ダメというご意見もありますが、そのような言葉に負ける必要はないと思います。私も最初の店舗のとき、不動産屋さんに「この場所は、そんなに売れないですよ」と言われたこともありました。

でも、同じ付近で、違う不動産屋さんに「カレー、面白いお商売だね！」と言われて出店を決めました。この地域だから、この業態はダメなんて、そんなこともなく、開店後の頑張り次第だと思います。

家賃について

では、最初に書いた、家賃の「高い」「安い」についてです。

これは私だったら、人の集まる場所（駅から近い、繁華街、観光地、近隣に大きな会社がある）で、自分に払えそうな店舗を探します。

「安い」店舗は、駅から遠い、人がいない場合が多いですので、集客が難しくなります。

「美味しいお店」ということを知ってもらうのに、時間がかなりかかります。知ってもらうまでに、3年かかってしまったら、これは赤字経営で、心が痛むので1店舗目としてはおすすめではありません。

「美味しい」が広まるには、想像以上に時間が必要です。高いお家賃を払ったとしても、多くの人が行き来する場所は、そこに在るだけで、広告宣伝効果が得られます。

もし、1店舗目で、有名になって「どこに出店しても、お客様が追いかけてくる」という状態にきたら、ぜひ、「隠れ家レストラン」に挑戦されてもいいのではないかと思います。

最初は、隠れないで、「目に留まる場所」で、予算内のお家賃の店舗を探しましょう。

3　お店に必要な資格・届出

資格等の事前準備

レストラン（飲食店）を持つために、必要な「資格」をご紹介します。これだけは、かなり前から準備しておいたほうがいいです。予約、受講に時間がかかる場合が多いです。

①食品衛生責任者（保健所）

必ず1店舗に1人必要です。開業時に、保健所に登録しなければなりません。

しかも、この資格は人気があるので、予約がなかなか取れない場合があります。

飲食店を持ちたいと思ったら、明日にでも講習会を受けて、資格を取得してください。

各都道府県により、決まりが違いますが、1日講習で、その日の最後にテストがあります。

費用も1万円前後で、一生使える資格ですので、早めに取得しましょう。せっかくレストランをつくっても、資格がないと開業できないですので、お気を付けください。

②防火管理者（消防署）

基本的には、収容人数が30人以上の場合に必要な資格です。ですが、必須と考えて、資格は取得しておいたほうがいいと思います。

店舗の広さによって、受講しなければならない日数が決まってきます。1～2日かかって、費用

【図表２　お店に必要な資格・届出】

届出先	届出	対象店舗	時期
保健所	食品営業許可申請	全ての店舗	店舗の完成１０日くらい前
消防署	防火管理者選任届	収容人数30人以上の店舗	営業開始日まで
警察署	深夜酒類提供飲食店	深夜１２時以降もお酒を	営業開始日の１０日前まで
	営業開始届	提供する場合	
税務署	個人事業の開業等届出書	個人で開業する場合	開業日から１か月以内

が５０００～６０００円くらいからかかります（管轄の消防署によって変わります）。

たくさんの免許は必要ない

前記の２つがあれば、飲食店の開業ができます。調理師免許、栄養士などの免許はなくても、飲食店は開業できるので、「広き門」と言われるかもしれません。

その他、必要な資格等を、簡単にまとめました。ご覧ください（図表２）。

＊ただし、店舗の場所によって変わってきますので、ご注意ください。

4　お店のデザインはどうする？

デザインに着手する際に気を付けること

「お店」を持つ人にとって、ここが一番楽しいかもしれない、「店舗デザイン」のお話です。

せっかく、自分のお店を持ってそこで仕事をするのだから、素敵な

【図表３　蜂の家 大手町店 内装工事中】

お店づくりに徹したほうが、オープンまでの日々が、楽しくて仕方ない時間になること間違いなしです。

ただ、気を付けなければならないポイントを紹介いたしますので、ぜひご一考ください。

店舗の場所が決まったら、お知り合いに頼めれば頼んでもよいですし、不動産屋さんに紹介してもらってもいいので、店舗デザインをどこかに発注することになります。

ご自宅を改装して、店舗を持たれるとしても、飲食店を開業するには、衛生的な様々な決まりがあるので、予算が許せば、デザインはお任せできる人にお願いしたほうがよいと思います。

専門家の力を借りましょう

レストランは食中毒を出さないために、い

ろいろな工夫をしなければならないので、最終的に開業前に保健所の検査を通します。そのときに不備があると、つくり直しになりますので、専門の人に入ってもらったほうがスムーズな場合が多いと思います。

ただし、注意しなければならないのは、デザイナーさんのお仕事の特徴を理解することです。デザイナーは、店舗を「美しく」するために、図面を書いてくれて、工事まで持って行ってくれる人です。その後の店舗運営には、関わらないと考えてください。

「経営」「お店の使い勝手」「開業後に変更したいこと」は、店主の責任で、デザイナーの責任ではないということです。

予算には忠実に

「経営面」を大事にしなければならないのは、店主の務めですから、初期費用を控えるということが大切になります。デザイナーがどんなに素敵な、内装をおすすめしてきても、予算以上には使わないということを徹底したほうがいいです。

レストランを開店させると、「お店の使い勝手」は、デザインより「導線」が重要であるということに気が付きます。

例えば、店舗の奥にレジがあると、お客様の流れが止まります。このちょっとした不便さが、再来店を促せなくなる場合があります。厨房の入り口が狭すぎると、料理の提供に時間がかかります。

【図表４　蜂の家 大手町店 設計図】

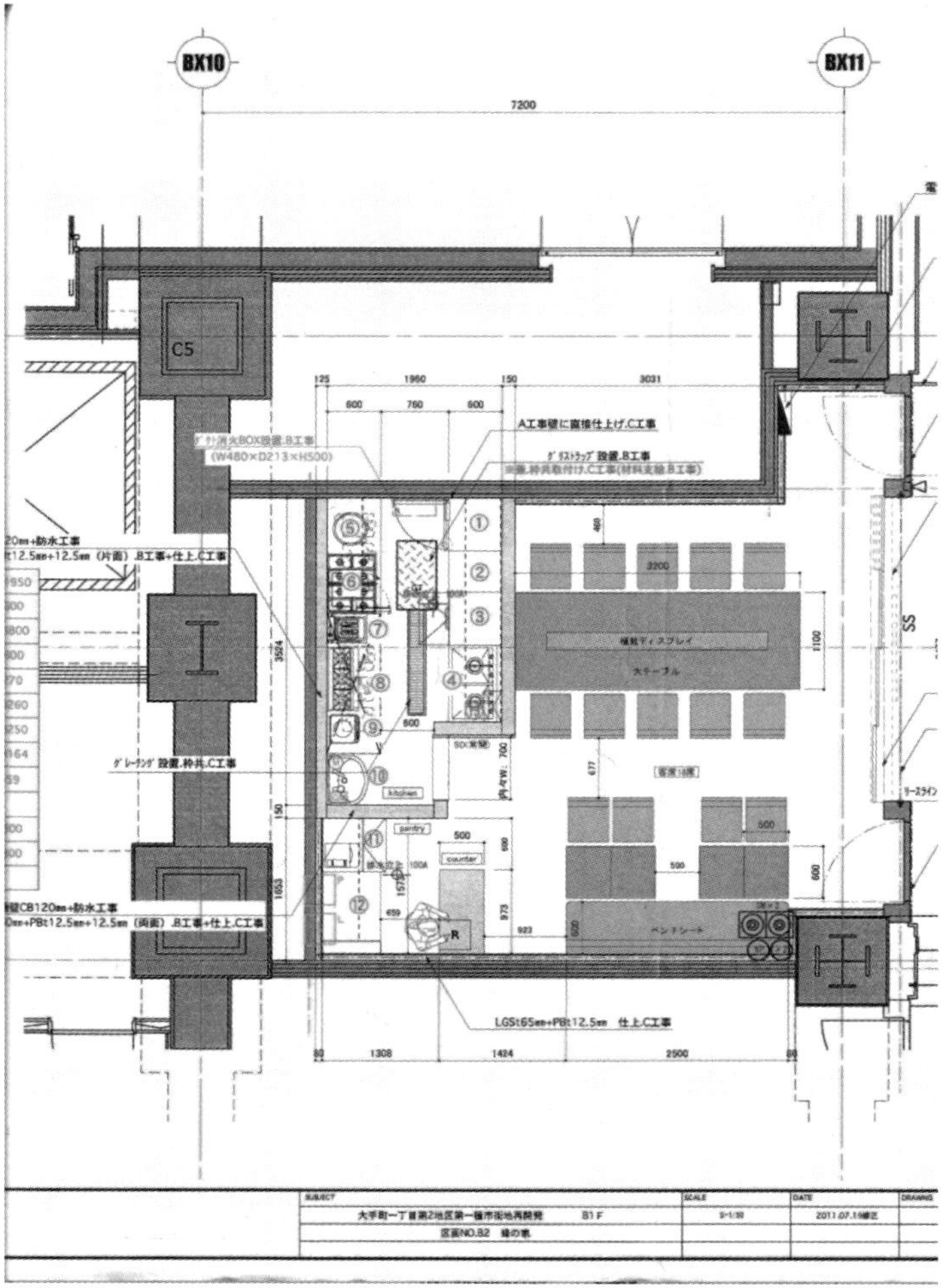

お待たせするのは、飲食店では、とてもよくないことです。

「テーブルがもう少し小さかったら、席が沢山とれた」、「窓が広かったら、外がよく見えた」、「冷蔵庫をもっと大きいものにしたかった」など、開店後に相当なお金と時間をかけないと、変更できないこと、つまり「こうだったらよかったのにと思える箇所」が出てきます。

店舗は、ほとんどが「オーダーメイド」なので、設計の段階で予想をしなければ、大きな変更は、更に投資をすることになります。

「予算を守る」、「お店の使い勝手を考える」、「開業後に変更したいことが出てくる可能性が高い」の3点に、気を配ってから、お店のデザインに着手してくださいね。

お店のイメージつくりはオーナーの特権

店舗を楽しくするために「色」「絵」「遊び心」「ディスプレイ」など、オーナーだからこそ、自由に選べる箇所は、沢山あるので、参考になるお店に通って、イメージを膨らませてください。

それから、レストランを開店させるにあたり、とてもお金がかかるのが、厨房機器です。

厨房機器について

業務用の設備は、とても高額で、初期投資の大半を占めてしまうこともあるくらいです。

私の例を挙げますと、最初の「蜂の家　銀座本店」（カレーライス専門店）は、銀座4丁目の地

【図表５　最初の「蜂の家 銀座本店」カウンター】

下に位置して、キッチンは50万円でつくっていただきました。

業務用は、カレーを温めるウォーマーだけしか買えませんでした。炊飯器、冷蔵庫、１口コンロもすべて家庭用で、節約しました。食洗器はないので、お皿は手洗い。製氷機もないので、前日に冷凍庫に１００均で購入したプラスチックの氷をつくるトレーを沢山用意して、朝に出勤したら、割っていました。夏に氷が足りなくなりそうになって、大変でした。

最初は小さくても大丈夫

本格的なレストランと比較すると、「学園祭のよう」と言われましたが、このお店は多くの方に高い評価をいただきました。

コックさんでも、元レストランでもない人がつくった、「手づくりキッチン」は、コスト削減のお手本となって、私の「非常識」が徐々に「常識」になりつつあるようです。

厨房にお金をかけるより、「サービス」にお金をかけようと、思い込んで開けたレストランは、今も銀座で頑張っています。

5　メニューのつくり方（最初は少なめに）

メニューのつくり方

レストランをオープンするにあたり、楽しい作業の1つに、「メニューづくり」があります。

得意料理でもよいですし、今はやりのお食事でもいいですし、好きなものを好きなだけ表現できます。

冊子形式で、おすすめメニューから始まって、ドリンクメニューを最終ページに持ってきてもいいし、オシャレに日替わりメニューを黒板に書いてもよいと思います。

店舗の壁に可愛く、見やすく書いてあるお店もありますね。工夫を凝らしたメニューは、お客様も視覚的に楽しめるので、とてもよいプレゼンテーションの場であると思います。

オープンからしばらくは限定メニューで

ただ、開店から最初の1週間～2週間くらいは、メニューを限定することをおすすめします。

レストランは、ご想像以上に、オペレーションに慣れるまで、上手く動かないのです。

前日に完璧と思ったとしても、当日「電気が切れた」「炊飯器が動かない」「ガスが止まった」「買っていたと思っていた食材がどこにあるかわからない」など、びっくりするほどアクシデントに見舞われます。

それを回避するためにも、「確実に出せるメニュー」だけで、最初はオープンさせたほうがよいと思います。

メニューが沢山あると、とても華やかな演出はできるのですが、初来店のお客様に「お品切れ」「お待たせし過ぎ」を経験させてしまうと、その後のお店の評判が落ちてしまいます。

間に合わなくならないように

私自身も経験がありまして、銀座３丁目に小さなカレーショップを出したとき、テイクアウトが多すぎて、すべてが間に合わなくなり、お客様を相当お待たせしてしまいました。

もちろん、お客様は、ご立腹で雰囲気は悪くなるばかりです。貴重なランチの時間を、店舗の外で15分以上お待たせしてしまったので仕方ありません。

そのとき出したメニューは「選べる４種類のカレールー」で、トッピングもいろいろできるものでした。開店日は、カレールー２種類、トッピングは唐揚げだけにすればよかったなと、今も時々思い出してしまうくらいの失敗です。最初のお店（蜂の家　銀座本店）を出したときは用心して、少ないメニューから始めたのに、少し経験値が上がって、できるような気になってしまっていたようです。

その後、大手町にもお店を出店するのですが、そのときは電気のヒューズが何故か飛んで、しばらく何もできなくなったこともありました。まさかの出来事でしたが、この日はプレオープンでお知り合いしか来店していなくて、１皿３００円で提供していたので、乗り越えることができました。

プレオープンの重要性

よく、レストランが「グランドオープン」の前に「プレオープン」をして、お知り合いや関係者をご招待して、イベントを開催するのは、実は「練習」させていただいているのです。

いきなり本番で、初めて出会うお客様に接するより、プレッシャーがなくて、全体の流れを確認することができます。ありがたいことに、この練習を積ませていただくことで、「何が足りていないか」、「何に注意を払うべきか」を知ることができます。

しかも、お知り合いは、お怒りにならず、改善点までアドバイスしてくれます。しかも、心優しい「口コミ」までしてくれ、開店祝いの「お花」まで届けてくれます。

本番直前に、周りの方のお力を借りて練習ができて、お店の場所を認知してもらうのには、「少ないメニューと、プレオープン」は、助けになります。

【図表６　最初のメニュー】

MENU

<長崎カリー>

ビーフカリー Beef Curry ★★ ¥700
（伝統の味ビーフの旨みが詰まってます！）

チキンカリー Chicken Curry ★★★ ¥700
（ピリ辛のスパイシーなチキンが癖になります！）

野菜カリー Vegetable Curry ★★ ¥700
（とってもマイルド毎日食べてもヘルシーです！）

ハヤシライス Hayashi Rice ★ ¥700
（トマトの酸味が女性に大人気！）

＊大盛は＋¥100 Large Portion＋¥100

<お飲み物>

ビール Beer ¥350

佐世保豆乳 Soy Milk ¥150
（佐世保池田豆腐店より直送の甘く懐かしい豆乳です！）

クールソフト Cool Soft ¥150
（佐世保ミラクル乳業がお届けするヨーグルトドリンク。カレーと合います！）

6　採用の仕方

人材の確保について

店舗を維持するのに、最も大変なのは、働いてくれる人を探すことです。

本当に、これはとても苦労の絶えない作業です。

私が今まで、試みた方法を３つご紹介します。

①ハローワークに掲載

②求人サイトに掲載

③お知り合いに聞く

３つの中で一番、よかったのは③の「お知り合いに聞く」でした。

とても不思議なのですが、言わないよりは、言ってみるもので、ご親切にご紹介してくださる方がいるものです。

ちょっと恥ずかしいかもしれませんが、お知り合いに声をかけてみてください。

求人サイトのよいところは、多くの人に知ってもらって、面接を受けに来てもらえることなのですが、知らない人同士のお見合いのようなものなので、上手く合致する場合もありますが、そうでない場合も多いです。

周りに甘えてみよう

小さく起業する際には、可能でしたら、友人やお知り合いの力を思い切って借りてみるのもよいかと思います。何人か先に、一緒に仕事をしてくれる人が現れるかも知れません。

それから採用をする際に、気を付けたほうがよいポイントとして、「優しい人」であることに重点を置くことです。

レストランの場合、調理と、サービス（ホール・レジ）のスタッフが分かれるものです。

その場合、どうしてもキッチンの力が強くなるという不思議な法則があります。

食事を提供するのですから、キッチンが重要であるのは仕方ないのですが、サービスをするスタッフもお店にとっては大切な存在です。

そこで、平等に適格に、採用面接に来てくださった方が、弊店にて楽しく仕事ができるかを見極めるには「優しそうである」ということを重視することにしました。

優しい人採用は成功の近道

未経験であっても、私のお店は、難しい調理の行程や、難しい敬語が必要ではありませんから、入店して練習していただきます。その際に、優しくて親切な人は、努力をしてくれます。

多少、ミスがあったとしても、他者を助ける気持ちのある人は、すぐに仕事を覚えてくれます。経験値が高いことより、私の会社にとっては、大切なポイントとなります。

右手にお怪我をして来店されたお客様に、「スプーン、左手で持ちますか？」と聞いてくれたスタッフが、お客様におつりをチップとしていただいていました。年配のお客様が見えたときに「お手伝いします！」とカウンターの高いお席に座っていただくために、抱きかかえたスタッフがいます。風邪をひいた私に「温まりますよ」と、スープをつくってくれるキッチンスタッフがいます。

私のお店は「よいな」と思えるのは、優しい人たちによってつくられているところだからだと思います。

7　シフト表のつくり方

シフト表で、スタッフ全体の勤務を把握する

「お店」を滞りなく、運営するには、スタッフの勤務時間の調整をしなければなりません。

店主が、１人で1日中店頭に立つというのも、１つの方法ですが、せっかくならば、私が実践しているシフトによる勤務の管理方法をご紹介します。

レストランは長時間勤務になりやすい

ちなみに、レストランの場合は「アイドルタイム」と呼ばれる、ランチ後の休憩兼仕込みの時間があります。これはお休みができるようで、そんなにできません。

9時にランチの仕込みで出社して、11時―15時ランチ、15時―17時休憩兼仕込み、18時―23時ディナー、片づけ、閉店作業となると、ほとんどの時間を店舗で過ごすことになります。

これが、飲食店が長時間労働で、ツライと言われる理由です。

スタッフの働きやすい時間で考える

8時に家を出ると想定して、25時に帰宅するとなると、17時間も拘束されることになります。店舗で、2時間休憩を取れたとしても、13時間は店舗で働くことになります。休憩と言っても仕入などの作業をしていたら、実質は15時間労働です。

オーナーだったら、それでも大丈夫ですが、一緒に仕事を長くしてもらうためには、スタッフの勤務時間は、無理のないように考えないといけません。

出社時間、退社時間は可能な限りギリギリにする

シフト表の基本的な考え方は、開店前の準備を開始時間とし、閉店後の片づけを終了時間とすること。その中で、どのように「効率よく動けるか」を30分単位で区切ることです。私が在籍していた「ルイ・ヴィトン」ですと、10分単位で区切られていました。

忙しい売り場の中で、すべての仕事を段取りよく、無理なく行うには、シフト表は、丁寧につくることをおすすめします。

【図表7　シフト表】

9月シフト（本店）													
	○	○	○	○	○	○	○	○	○	○	○	○	○
	1	2	3	4	5	6	7	8	9	10	11	12	13
	水	木	金	土	日	月	火	水	木	金	土	日	月
畠山	A	A	A	A	○	A	○	A	○	A	A	A	A
平野	11:30 20:30	11:00 16:00	11:00 16:00	◎	10:00 20:00	11:30 20:30	10:00 16:00	11:30 16:00	10:00 16:00	11:00 16:00	◎	◎	11:00 16:00
鈴木	12:00 15:00	12:00 20:30	◎	◎	◎	○	11:30 21:30		11:30 21:30	◎	◎	◎	○
高木					11:00 16:00							11:00 16:00	

例）11時開店　21時閉店　通し営業のレストラン

・早番　10：30出社　20：00退社　1時間30分休憩　8時間勤務

・遅番　11：00出社　21：30退社　2時間休憩　8・5時間勤務

10：30　開店準備

11：00　開店＋品出し在庫チェック

12：00　ランチピーク

15：00　休憩を随時回す＋仕入＋買い出し

18：00　ディナータイム

20：00　次の日の準備＋清掃

21：00　閉店＋売上報告

21：30　退社

前記の中で、必要な場合は、ランチタイム、ディナータイムのみパート社員を4～5時間お願いします。弊社では、なるべく空いている時間に雑務を入れ、暇にならないようにしています。

実際のシフト表のサンプルをご覧ください（図表7）。

A＝早番、○＝お休み、◎＝お休みしたい日、11：30―20：30などはアルバイトの出勤時間：退勤時間を意味します。

8　レジについて

簡単なレジから始めましょう

レジに関しては、店舗に合ったものを選ぶのが一番です。小さな店舗でしたら、私のおすすめは、量販店で販売しているカシオやシャープ製の1万5000円~3万5000円くらいのものです。小さくて、場所を取らなくて、使いやすいもの。操作が単純なものが便利です。

必要な機能は、レシートを発行できること。営業記録が印字できること。領収書を発行できること。店名が入れられることなどでしょうか。

【図表8　おすすめのレジタイプ】

誰でも使えるようにすることが大事

20万円くらいする立派なレジは、売上分析や、マーケティングまでできて、素晴らしい機能が沢山ですが、おそらく大型店でないと使いきれません。

しかも、人がレジ打ちするので、間違えてしまったときに、訂正が簡単なことも大切なポイントとなります。

レジの業者さんに、高額な魅力的なレジをすすめられたとしても、最初は必要ないとお断りしてください。

近年、タブレットをレジにする方法もありますが、別に金庫を購入しなければなりませんし、設定ができる若いスタッフがいないと難しいので、私は従来型のレジから始めてみるのがよいと思います。

9　食器・備品の購入の仕方

備品のリストをつくりましょう

店舗に必要なものは様々ありますが、まずリストにして、予算内に収まるか、計算してみるとよいと思います。

レストランの場合、必須なのは、「お皿」「スプーン、フォークなどのカトラリー類」「グラス」「コーヒーカップ、ティーカップ」「メニュー立て」「メニューブック」「ナプキン＋ナプキン立て」「水差し」「ユニフォーム」等です。

キッチン内もかなりの沢山の備品が必要です。「包丁」「まな板」「さいばし」「トング」「おたま」「ボール」「調味料」等が必須となります。

店舗の内装や、外装、看板に予算を使い切ってしまっては、備品を購入する余裕がなくなりますので、備品購入は早めに着手しましょう。

お買い物ミスがないように

私は、よくスケッチブックに、必要な備品を「絵」つきで、描いて予想を立てています。下手でも「絵」で見ると、何が足りないか、頭に入れやすいので、買い忘れ等のミスが減ります。

それから、いくつか体験談としてお伝えすると、次のとおりです。

・メインになるお皿は、多少高額でも、業務用を選ぶ。
・カトラリー、コップ、グラス等の、お客様が直接触れるものは、ちょっとよいものにする。
・メニュー立て、お酒用のグラス、ビールサーバーはお酒屋さんに無償提供してもらう。
・100円均一のものでも、センスがいいものは利用する。
・困ったときは、イケア、ニトリ、無印をのぞいてみる。
・通販は質感がわからないので、サンプルを寄せれるときは、現物を見てみる。

小さなお店で、すべて業務用の立派な備品にする必要はありません。

利用頻度の高い食器は業務用を選ぶ

しかし、かなり頻繁に利用するメインになるお皿は、業務用の1枚2000円以上するものを選んだほうが、運営が楽になります。業務用は、割れにくいからです。

お皿なども、破損が多いと、仕事が増えますし、メニューやポスターのために撮影した写真と違うお皿になると、商品自体も違って見えます。

では、メインのお皿（私のお店ではカレーライス）が何枚必要になるかですが、20席くらいのお店でしたら、30枚最初に用意すれば、大丈夫です。

お皿の置き場を計算に入れる

これは結構、少ないと思われがちですが、１００枚用意すると置く場所に困ります。ちょっとギリギリくらいでも、業務用の食洗器があれば、1分で乾燥までできるので、効率よく、お皿を回すことができます。

ピーク時の私の大手町のカレーライス屋は、1時間に１００食近く出ます。

それを提供して、下げて、洗うを繰り返すことで、30枚のお皿をフル活用することができます。

混みあう店舗はグラスとカトラリーを増やす

もしも店舗が混みあって心配な場合は、グラスとカトラリーを多めに購入されることをおすすめします。理由はグラスが食洗器で洗った直後は温かいので、お水を出すことにはすぐ適さず、冷ます時間が必要だからです。カトラリーは、お皿と違って、食洗器から出したときに、金属なので、水しぶきの跡が残ります。そのため一度ナプキンで拭かなければなりません。

ご経験、ありませんか？　お水が温かいグラスに入れられてきて、「あれ？」と思ったことや、スプーンにお水の跡が残っていて、「おや？」と思ったこと。

ちょっとしたことではありますが、小さなレストランこそ、こういった部分に気を付けて、お客様に快適な時間を提供したがよいと思って、日々、創意工夫中です。

10　お釣りやカードなど決済方法の選び方

現金とＰａｙＰａｙから始めよう

今は、決済方法が多様化しているので、迷うところも多いと思います。

でも、小さく始めるならば、最初は「現金」とＱＲ決済の「ＰａｙＰａｙ」くらいでよいのではないかと思います。

クレジットカードや、交通系決済（スイカ、ＰＡＳＭＯなど）は、手数料が3・5—4・2%くらいかかってしまいます。大手チェーン店でしたら、手数料の引き下げ交渉もできるでしょうし、最初から手数料を含んだ価格設定が可能になりますが、個人商店ではこの壁は超えられません。

手数料は、経営の負担になる

例えば、１０００円のランチを提供すると考えます。

税込1000円ということは、およそ税抜900円。実際、お店が手に入れられる金額は、900円になります。クレジットカード決済ですと、1000円の内、4％が手数料とすると、40円がカード会社の利益です。

ということは、1000円－100円（税金）－40円（手数料）＝860円。これが、お店の取り分になります。

では、このランチを350円でつくったとしたら、お店の利益は、510円です。

少額ではありますが、この手数料の40円は、大きい数字です。

クレジットカードは便利なのですが

1日に、頑張って60食販売しても、2400円が、カード会社に行くことになります。

10日で、24000円、1か月にしたら、72000円、1年なら864000円。

かなりの手数料をお支払いすることになります。

しかも、月末に締めて、翌月払いになるので、キャッシュフロー（現金の流れ）が悪くなります。

弊店でも、お客様から「え、今時クレジットカード使えないの？」と時々言われますが、これを気にして、年間90万円近いお金を払うならば、「すみません」とお詫びしたほうがよいと思います。

その分で従業員にボーナスが出せます。ちなみに弊社の2021年のキャッシュレス決済の割合は約20％です。まだ日本は現金を持っていないお客様は少ないので、何とかなると思います。

【図表９　お釣り銭の用意したほうがいい数】

お釣り銭：100.000円内訳		
券種	数	合計
¥5,000	5	¥25,000
¥1,000	33	¥33,000
¥500	51	¥25,500
¥100	102	¥10,200
¥50	100	¥5,000
¥10	100	¥1,000
¥5	50	¥250
¥1	50	¥50
合計		¥100,000

ＱＲ決済は全部採用しなくて大丈夫

次にＱＲ決済の「ＰａｙＰａｙ」についてです。こちらは弊社で唯一のキャッシュレス決済ですが、２０２１年現在のところ、手数料が無料で、利用できる店舗が多いことが特徴です。

「ＰａｙＰａｙ」から、弊社へ振込みする際の、振込み手数料も無料です。また、導入方法も簡単で、弊店の近くのテナントがほとんど加盟していることも､重要なポイントです。

近隣店舗に加入店舗が多いということは、利用するお客様が、多いということになり、他の決済方法を導入しなくてもよくなります。

この辺りは、新聞やニュースを見て、どのエリアをどの決済方法が、網羅しているか確認をするとよいと思います。

お釣り銭の考え方

最後に、現金の扱い方についてです。１日の売上が10万円以内であったとしても、お釣り銭は10万円くらいの用意をしておいたがよいと思います（図表９）。

券種としては、「５０００円（５枚）、１０００円（30枚）、５００円（50枚）、１００円（１００枚）、50円（１００枚）、10円（１００枚）、５円（50枚）、１円（50枚）」このくらいでしょうか。10万円ぴったりにするなら、あと１０００円（３枚）、５００円（１枚）、１００円（２枚）をプラスしてください。

現金の管理の仕方

朝、レジを開けるときに、最初にお釣り銭が合っているかを計算します。閉店するときは、お釣りを引いてから計算してください。その日の売上金額から、お釣り銭の10万円を先に取り出しましょう。レジに15万円の現金が入っていたら、お釣り銭の10万円を先に引くと、その日の売上は５万円と確認できます。

レシートの総計と現金売上が合っていなかったら、この段階で、レジ打ちのミスや、金銭授受のミスが発覚します。

小銭から先に数えると便利

お釣り銭をコインカウンターに入れて、小銭から計算して、10万円を引きます。

なぜ、小銭から計算するかと言うと、次の日のお釣り銭を確保するためです。

【図表10　通帳に売上を入金】

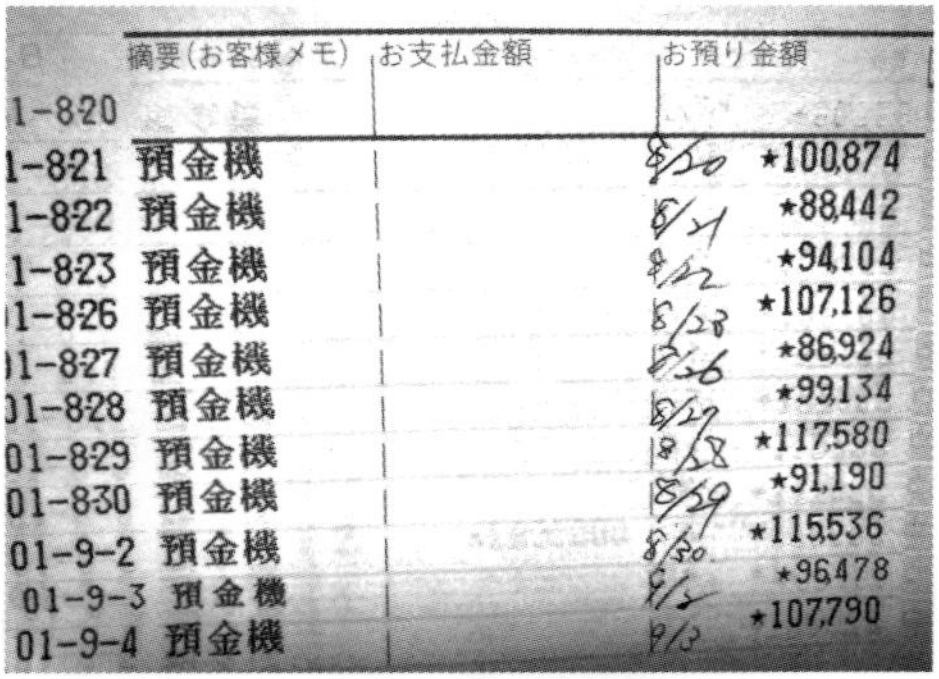

日	摘要（お客様メモ）	お支払金額	お預り金額
1-8-20			
1-8-21	預金機		★100,874
1-8-22	預金機		★88,442
1-8-23	預金機		★94,104
1-8-26	預金機		★107,126
01-8-27	預金機		★86,924
01-8-28	預金機		★99,134
01-8-29	預金機		★117,580
01-8-30	預金機		★91,190
01-9-2	預金機		★115,536
01-9-3	預金機		★96,478
01-9-4	預金機		★107,790

両替は、昨今、手数料が上がってきています。なるべく両替を減らすために、小銭から取っておく習慣をつけるとよいと思います。

お店が閉店して、現金売上の計算が終わったら、その日の売上を、日付を書いた封筒に入れます。そして、次の日に銀行に入金します。

個人経営の方でしたら、売上もお釣り銭も、そのまま持ち帰って、次の日の出勤の際に、途中で銀行に立ち寄って、入金をするとよいと思います。

売上の日と入金の日はずれて大丈夫

売上は前日の数字になるので、入金日と売上日がずれます。必ず、いつの売上か封筒を見て、通帳に記入します。この作業は、後々経理を行うときに、とても役に立ちます。

ついでに、銀行で、無料の封筒をいただいて、入金用の封筒を調達して、必要なら両替をして出勤するとルーティンになりミスが減ります。

スタッフにお願いする際の注意事項

従業員にやってもらう場合も同様です。その場合は、店主が持って帰れないので、お釣り銭と売上金を、店内に周到に隠さなければなりません。店舗には現金があるので、盗難にあう可能性があります。

閉店して開店までの間に、安全に店舗で保管できる場所を検討して、できれば警備会社をお願いしたほうがいいです。月に１万円以上してしまいますが、盗難よりは経費的にはかからず、安心が得られます。

また、従業員には、通帳だけ持ってもらうようにしましょう。入金だけお願いして、引き出すことはないようにします。クレジットカードは自分で管理したほうが、お互いの気持ちが楽です。

店舗には、専用の通帳をつくって渡せば、管理が楽になるので、１店舗増えたら、通帳も１冊増やすようにします。

両替は費用がかかるので、日ごろ小銭を貯金する

私は、未だに日常の自分の生活で、小銭を溜める癖があります。両替に費用が発生することや、手間を考えると、ついつい外でお買い物をするときに、１万円で支払いをしてお釣りをお財布に入れて、小銭を自分の店舗のために、取っておいてしまいます。長年の習慣になってしまいました。

それと同時に、個人で経営されている店舗では、クレジットカードを使いません。「手数料を取られているんだろうな」と勝手に予想してしまいます。

ちょっとした費用かもしれませんが、ここはきめ細かく計算するほうが、お商売に向いている気がします。

11　小口現金について

小口現金出納帳をつくろう

店舗で必要な、買い出しや仕入の現金は、別に「小口現金」（こぐちげんきん）をつくりましょう。「小口現金」とは、店舗の日々の必要なものを購入するための少額の現金のことです。

店舗ですと、クリアケースに入れて、お店の「お財布」として活用しています。入れ物は、お菓子の箱でも金庫でも何でもいいです。私のお店で、金庫を使用しないのは盗難防止のためです。現金などの貴重品は、何が入っているかわからないくらいの入れ物にしたほうが安全です。

便利な小口現金の利用法

小口現金の便利なところは、その日必要な野菜の買い出し、石鹸、文房具など、細々したものを、会社に申請しなくても購入できるところです。現金の出し入れは、「小口現金出納帳」に毎日記録してもらい、売場で使った経費を管理してもらうことができます。。

足りなくなると、各店舗の小口現金担当者から連絡が来て、弊社では5万円ずつ、現金を補充することにしています。大きな店舗ですと、小口現金専用の通帳をつくり、キャッシュカードと共に店舗に置いておく方法をとってもよいと思います。そうすれば、会社から店舗の小口現金専用の通帳に振込みをして、そこから店長が引き出しをすることができます。

リスクがあると言う人もいますが、私は小さな買い物のために、店舗にクレジットカードを渡すよりは、現金で渡したほうが安心と考えています。また、日本の食材の仕入会社は、未だに現金支払いのところが多いので、現金を店舗に置いておく必要性があるという理由もあります。

毎月店舗から報告をしてもらう

「小口現金出納帳」は、簡単な表をつくって各店舗で、いくら使ったのかを管理してもらい、月末に報告してもらうためのものです。月末に、小口現金の残高が合っているかどうかも確認してもらいます。

パソコンでつくってもよいですが、手書きでも大丈夫です。忙しい店舗は、パソコンを開ける時間がなかったり、パソコンが苦手なスタッフもいたりするので、手書きの書類は、活躍の場が多いです。

現金の残高に注意してもらうことが一番重要で、書類の形式は何でもよいと思います。

【図表11　小口現金出納帳】

小口現金出納帳		2021 / 3月	店舗名：銀座本店			
				現金残高	2013	
日	購入先	購入内容	領収書番号			
				収入	支出	残高
1	前月からの繰り越し			246		
		入金		50000		50246
1	まいばすけっと	しめじ　マイタケ　エリンギ	1		297	49949
1	ダイソー	付箋紙	2		220	49729
1	まいばすけっと	ナス　ウィンナー	3		513	49216
2	ダスキン	マット交換支払い	4		770	48446
2	肉のハナマサ	ナス 人参 豚小間切れ 玉子 他	5		6125	42321
2	ドン　キホーテ	3口電源タップ	6		437	41884
2	ビックカメラ	延長コード	7		1086	40798
2	ビックカメラ	プリンターインクブラック	8		1070	39728

レジ金から立て替えない習慣をつくろう

「小口現金」のもう1つ、よいところは、レジの中のお金を遣わなくて済むことです。

店舗に小口ではなく、大金を渡すと、危険が伴いますし、レジ金から仕入や、交通費などの支払いをしていると、計算が合わなくなって、大変なことになります。

レジの中のお金を遣わないような仕組みにしないほうが、ミスが減ります。

レジは、「売上金」と「お釣り銭」だけが入っているようにしましょう。

店舗運営がスムースになるように、現金の管理はしっかりとしたほうが上手く行きます。

ぜひ、「小口現金」を導入してください。

＊図表11のように、日付、購入した店舗名、内訳、領収書番号（レシートに手書きで番号を書く）、収支を記入します。

ここでも残高の確認を最重要事項とします。

12　営業時間と定休日について

自分の会社に合った勤務体系をつくろう

レストランの業種についても、営業時間の設定は様々です。

ディナーをメインに提供しているお店は、お昼から仕込みをして夜の営業に備えます。

私たちのようなランチメインのお店は、ランチから営業します。

カフェですと、朝から夜まで営業します。実はカフェは一番営業時間が長くなります。

その分、オペレーションを簡単にして、店舗にスタッフがいなければならない時間が短くなるように、シフトで調整することになります。

飲食店は多様化しているので、一概に営業時間を決められないのですが、小さく始めるには、無理のない勤務体系にしたほうがよいですので、私の店舗の例をご紹介します。

長時間勤務にならない努力をする

私が長時間勤務を推奨しないのは、元々が飲食店を経営していなかったからです。

ちょっと自己紹介をしますと、海外ブランドで長く仕事をしてから独立しました。レストランではなく、ファッションブランドです。大きな分類でいうと、物販の小売店舗に勤務していました。

ですので、レストランであっても、「小売業」のやり方を導入しています。

私の店舗ですと、銀座店は、平日11時から21時まで、土日祝は11時から19時までの営業です。大手町店は、平日11時から21時まで、土日祝はお休みです。通常の飲食店と比べたら、とても短い営業時間になります。

通し営業はお客様にとっても便利

その代わりに、通し営業をします。休憩はランチタイムが落ち着いてから、順番に回しています。大手町店の土日祝のお休みは、これもレストランにしては驚きの休み方なのですが、働くスタッフがシニアなこともあり、無理のない勤務体系を実現させるために取り入れました。

営業時間を決めるとき、後々苦しくならないようにするのは、とても大事です。長く、お店で働くために重要なポイントとなります。

皆が疲れない働き方も念頭に

オープン当初は、長い営業時間で、お休みなく頑張れますが、シフトが回らなくなったり、店主本人に疲れが出たりと、徐々に疲弊してきます。

そのときに一度「何時から何時までが、自分のお店にとって最適な営業時間であるか」ということを再考したほうがよいです。疲れた状態で長時間営業するより、元気なときにハツラツと営業したほうが、結果がよい場合があります。

定休日は、みんなのお休みでもある

定休日も同様です。しばらくすると、その地域はどの曜日が、比較的混まないかが見えてきます。わかりやすいのは、近隣店舗の定休日を視察することなのですが、業態による違いもありますから、まず営業してみてから、様子を伺うようにしてください。

あまり売上が伸びない日に営業して、落ち込んでしまうようなら、週に1回の定休日を設定してもよいと思います。定休日は、店舗のお休みでもありますが、そこで働く人のお休みにもなります。「仕事」を頑張るために、定休日があると考えれば、１日分のお家賃がもったいないから年中無休にしてしまうより、健康的な経営ができると思います。

13　出前・物販について

来店のない日に備えた売上アップの方法

お店は「悪天候」により、来店してもらえない日があります。

台風や、大雨、雪の日は、路面店に足を運んでくださるお客様は、とても少ないです。

そんな日でも落ち込まないために、弊店ではお弁当の出前やテイクアウト（お持ち帰り）、物販

を行っています。

近年、いろいろなデリバリーサービスがありますが、私たちはお店がオープンした直後から、お弁当のお届けは、自分たちでしています。

出前サービスは「歌舞伎座」から始まった

最初は、「歌舞伎役者」さんから、楽屋に届けてほしいというご要望をいただいて、始めた出前でした。

歌舞伎座の楽屋に届けるために、お皿にラップをして持っていったのですが、そこから話題になり、注文をたくさんいただくようになりました。

では、お弁当容器を購入して、持って行きやすく、温めやすくしようとしたところ、持ち運びが便利になり、近隣のサラリーマンの方のお持ち帰りが増えました。

地域のために何ができるか考える

そうすると、ランチ時にお待ちいただかないようにと、お客様から予約の電話が入るようになりました。

戦略を練って、始めた「出前サービス」ではなかったのですが、地域に育ててもらいました。

大口のお客様として、歌舞伎座、新橋演舞場、電通、朝日新聞、映像スタジオなど、決まった時間にランチを取れないお仕事の人たちが、利用してくれるようになりました。

これはとても有難くて、来店のお客様が少ない日に売上を助けてくれます。

その他、ちょっとしたお土産になる商品をいくつか、ご用意しています。冷蔵の個食になったカレールー、蜂の家名物「ジャンボシュークリーム」、カステラ、豆菓子など、レジ横でちょっと気軽に買える長崎物産をディスプレイしました。

レジ横は、お土産販売のベストポジション

レジでお会計をしている間に、目に留めていただいたお客様は、お手頃価格の長崎のお土産品を、追加で購入されていきます。

レジ横の物販のよいところは、お客様に押し売りすることなく、売上向上に貢献してくれるところです。待っている間のちょっとした時間に、気になる商品が買いやすい価格で陳列してあれば、「これもください」とお客様から声をかけていただけます。価格帯としては、２００円から５００円くらいのものが手に取りやすくなります。

また、カレールーについては、まとめて購入してくださるお客様もいらっしゃって、代引きでお送りすることもあります。

レストランであっても、最初から「お持ち帰り可能」な商品を、ラインナップに入れておくと、商品たちが、いろいろと助けてくれることがあります。

14　写真を撮ろう

のちのち役に立つ店舗・メニューの写真撮影

「お店」を持とうと思ったときから、写真を撮りましょう。

何に役に立つかわからないので、今から始まる「お店プロジェクト」の歴史を写しておくと、時々ですが、必要なときがやってきます。お店の日記のようなものです。

その次に、お店はオープンする直前が、一番キレイなときなので、外観と内観の写真を撮りましょう。これはちょっと奮発して、プロのカメラマンにお願いしたほうがよいと思います。今は、インターネットでもカメラマンを探すことができますから、お手頃な値段やプランのものでよいので、20カットくらい、真新しい状態を残しておきましょう。

美しい写真は、多様性がある

ホームページが欲しくなったとき、グルメサイトに載せたいとき、ショップカードやチラシをつくりたくなったとき、このオープン直後の美しい写真が、とても役に立ちます。

レストランはオープンさせると、いろいろな情報を店頭・店内ともに、貼っていくことになります。とっても高級店だったら、かっこいいメニューのみでも大丈夫なのかもしれませんが、普

【図表12　カメラマンの撮ったグリーンカレー】

通の可愛いお店は、ＰＯＰや、ポスターや新商品をパウチして貼ったりなど、お客様に視覚で訴えるものが必要になってきます。

かっこよくはないのですが、販売促進の一環なので、こちらも努力が必要です。

まっさらな状態は、オープン前の１日くらいしかないのです。お店は、次の日から歴史を刻むのですから、仕方がないので、一番美しい日を逃さないように気を付けましょう。

メニューの写真は美しいに限る

次に、メニューの写真を撮りましょう。

こちらは、オープンして少し経ってからでも大丈夫です。売れ筋商品がちょっとつかめてきて、盛りつけも上手になってから、基本のメニューを撮影しましょう。こちらも、できればプロにお任せしたほうが安心です。

料理が、せっかく美味しくても、メニューやポスター、チラシのお写真が美しくないと、かなりもったいないことになります。

お店を開店させるときに、いろいろと節約はしたほうがいいのですが、写真は思い切って、奮発してもいいかも知れません。

撮影時にイメージを伝えよう

写真撮影をしたことがない方は、ご自宅に届くピザや宅配のチラシを参考にしてみてください。好きなイメージのチラシがあったら、取っておいて、カメラマンさんに、「このイメージでお願いします」と伝えれば、どのような写真を求めているのかが伝わりやすいです。

好きな画像は、参考資料になる

言葉で、仕上がりを説明するのは難しいので、雑誌でもスマートフォンでもよいので、好きな画像を用意しておいて、近づけてもらうと、納得のお写真を撮ってもらえると思います。

「明るい感じ」、「洗練された感じ」など、言葉でカメラマンさんと打ち合わせするのは、慣れていても大変です。その点、好きな画像を提示するのは、一瞬で相手に欲しい写真の情報を提供することができます。

データをいただいたら、パソコンだけではなく、ＤＶＤなどに保存しましょう。パソコンが壊れてしまったら、なくなってしまいますので。

15　オープン前日・当日の過ごし方

緊張と失敗をしないために

さあ、いよいよ明日、お店がオープンします。

前日は、緊張とワクワクの連続だと思いますが、いくつかしておいたほうがよいことがあります。

①レジの試し打ち
②お料理のおさらい
③スタッフとの申し送り
④ユニフォームの確認
⑤お釣り銭の確認
⑥ショップカードの準備
⑦食器の準備
⑧オペレーションの確認
⑨買い忘れがないか在庫チェック
⑩チラシのポスティング

とにかく練習と、宣伝に時間を使ってください。

余裕があったら、お店の新規開店情報を、新聞社やグルメ雑誌に載せてもらえないか、問い合わせをしてみてください。慣れないと恥ずかしいですが、やってみるとみないとでは、宣伝効果は大きく違います。

やってみることに意味がある

1つ、何かに取り上げてもらえば、本当に素敵な第一歩になります。

お店がそこに存在することが、宣伝効果を生むのも確かではあるのですが、見たことのないお店に入るのは、一般のお客様には勇気がいります。

行列ができるお店には、更に行列ができ、たくさんのお客様がいらっしゃいます。

そして、インターネットで検索されたり、口コミサイトに書き込みがされたりして、有名店になっていきます。

「美味しい」を確認するのに、他者の意見を聞いてから来店するのも、不思議ではあるのですが、オープンのときほど、話題になりやすいので、最初が肝心です。

ポスティングは最速の宣伝方法

前日には、ご近所にできるだけチラシをポスティングして、知ってもらうことをしましょう。

ちなみにですが、私の最初のお店は、真冬にオープンしました。前日、ちらちらと降る雪を見ながら、夜中に自分でポスティングしたのも懐かしい思い出です。近隣のビルに、でき立てほやほやのチラシを、ビルのポストに投函しました。

「明日、１人でも多くのお客様が、来てくれますように」と願いを込めてする作業は、印刷やポスティングを外注して、人にやってもらうより、思いがこもります。自分の大切なお店のオープンだからこそ、自分の力でできることは、取り組んだほうが、何となくですが効果が上がる気がします。チラシを持って、来店されたお客様がいたら「私が、投函したんですよ！」と話が弾むこともあります。

お客様は、オーナーの「努力」には、「応援」で返してくれます。「頑張ってね」と言われたら、やる気も出ます。

駅周辺でのチラシ配り

これも、ちょっと恥ずかしいですが、駅で通勤の方にチラシを渡すのもよいと思います。

朝と夕方の通勤ラッシュの時間帯は、人がたくさん、行き交います。

そこで、お店のチラシを、手配りするのです。

その当時、小学生だった姪が、駅でチラシ配りをしていたのがとても可愛らしかったです。アルバイトのスタッフと一緒に、駅から出て見える方に、「蜂の家（はちのや）です」と手渡すと、「マッチ売りの少女」みたいと言われていました。彼女は、大人になって、今も私のお店で働いています。

オープン当日の過ごし方

いよいよオープン当日です。

今までの準備や苦労がウソのように、晴れやかな気分で過ごせる1日の始まりです。

朝の準備で、忘れてはいけないことを紹介します。開店の2時間前には、すべてそろっていると、心が落ち着きます。

①お釣り銭の確認

万が一レジが作動しなくても、お釣り銭があれば乗り越えられます。必ずお釣り銭がそろっているか、計算用の電卓とメモ用紙があるかをもう一度チェックしましょう。

②食材の場所の確認

「あれがない」、「これがない」によって、慌てることのないように、どこに何が入っているかを、もう一度確認して頭の中に入れましょう。今日はオーナーはお店の司令塔になりますから、在庫の位置を把握することによって、安定感を醸し出せます。

③身だしなみの確認

スタッフも同様ですが、まずは自分自身の身だしなみと「笑顔」の確認をしてください。

今日は、たくさんの「おめでとう」をいただく、人生でも珍しい、嬉しい1日になります。

最後は、一緒にこれから頑張る「お店」とスタッフに「感謝」をして、開店時間ぴったりに、お店の扉を開けましょう。「夢」のはじまりの儀式になります。

第2章　お店屋さんのつくり方（雑貨・カフェ編）

1　店舗のつくり方（雑貨・カフェ）

憧れの店舗に着手する方法

レストラン、飲食店より、特に女性が一度は、店主になってみたいなと思うのが、「雑貨店・カフェ店」だと思います。ここでは、憧れのお洒落な店舗を持つための、手順をご紹介したいと思います。

まず、雑貨店から。実は雑貨店という物販の専門の店舗は、資格が必要ありません。

アンティーク、古本等を取扱いしたい場合は、警視庁に「古物商許可申請」をすることになりますが、その他は、基本的に資格がいらないので、在庫と販売する場所さえあれば、明日からでも「雑貨屋さん」を開業することができます。

雑貨店は比較的簡単にオープンできる

必要なものは、とても簡単です。

①販売したい雑貨
②レジ、お釣り銭（レジもなくても伝票と手書きの領収書だけでも大丈夫）
③売り場
④販売員

以上です。露店で、手づくりアクセサリーを販売するのも、立派な雑貨屋さんになります。何か地域のイベントに参加して、好きな雑貨を好きなようにディスプレイして、販売してみるところから始めてみてもいいのではないでしょうか。

「カフェ」は飲食店に当たる

続いて、カフェ店です。カフェは飲食店の分類になりますので、資格が必要になります。店舗のつくり方（レストラン編）でも登場した、次の２つの資格です。

①食品衛生責任者　（保健所）
②防火管理者（消防署）

雑貨とカフェ店を一緒にやりたいときも、食事や飲み物を提供するとなると、レストランと同じ行程となります。

ただ、軽飲食（カフェ）のような、可愛らしい業態の場合、厨房設備もほとんどいらないですし、家庭用のトースター、コンロ、フライパン等の簡易的なキッチン用品があれば十分です。コーヒーも、とても簡単にコーヒーメーカーを利用してもよいと思います。ちょっと、ゆったりとした雰囲気を演出したかったら、サイフォンや、ハンドドリップという方法を選んでも、楽しいと思います。

カフェは理想を追求しましょう

ただ、こちらもレストラン同様に、最初は少ないメニューで始めたほうがよいです。

ちょっとずつ、メニューを増やしていったほうが、カフェの場合は「新商品」ということにして、常にフレッシュさを提供できるので、よりよいと思います。

軽食は得意なお料理で攻めてみてください。パンケーキ、サンドイッチ、シフォンケーキ、パフェなど、お茶のおともに合うスイーツと、お食事系のものを3、4点メニューに入れれば、温かいカフェメニューの完成です。

レストランとの差別化

レストランと違って、「のんびり空間」を提供するカフェは、同じ飲食店でも、「存在感」が違ってきます。

そこは、あなたの「お家」に近い場所です。統一される必要も、最先端である必要もなく、とにかくお客様が「長く居たくなる」、「本を持ってきたくなる」ことが大切です。回転率や効率よりも、時間の流れをゆっくり豊かにすることが、お店の一番大切な部分になります。そのためには、どんな努力をすればいいのでしょう。

思う存分、好きなものを飾って、好きな空間をつくって、人の心を癒すことを目標にしてよいと思います。ですが、お商売であるということも念頭に置かなければなりません。

雑貨屋さん、カフェは、趣味の延長上にある店舗ですが、長く愛されるためには、利益を出さなければなりません。この後は、その秘訣をご紹介しますね。

２　商品の仕入の仕方

仕入の「率」ついて考えよう

商品はそのものによって、仕入の「率」が違ってきます。

大体の目安ですが、雑貨は商品価格の60％くらいで仕入をできれば、よいと思います。

カフェでのお飲み物は、なるべく努力をして20％以下にしてください。お食事は35％以下くらいで計算をするとよいです。それ以上の「率」の場合は、本当に販売したいかを再検討してみてください。

お店にとって、宣伝効果を生む可能性があるメニューは、冒険してもよいと思います。でも、そうじゃなかったら、我慢しましょう。

簡単に計算してみよう

大まかですが、次の値段くらいが目安として、予算を組み立てていけばよいと思います（図表13）。

○雑貨　６００円で仕入れて、販売価格が１０００円になる。
○カフェのお飲み物　50円で仕入れて、販売価格が２５０円くらいになる。
○カフェのお食事　３００円でつくって、販売価格が１０００円くらいになる。

【図表13　仕入と販売価格の目安】

	仕入れ	販売価格	利益
雑貨	¥600	¥1,000	¥400
飲み物	¥50	¥250	¥200
食事	¥300	¥1,000	¥700

在庫はどのくらい持つ？

雑貨部門で、1日に10万円販売したいと思ったら、6万円分の在庫が必要になります。

1か月で180万円分くらいの在庫を持つ計算ですね。

300万円の月商を、雑貨で目指すのならば、事前に180万円分の商品が必要になるということです。ちょっと大きいお店ですと、在庫は6か月分くらいを事前に用意します。

商品代だけで、最初に1000万円以上必要ということになります。考えると怖くなりますが、レストランが厨房にお金がかかることを考えたら、「お店」はそれなりに勇気がいるのは、同じことだと思います。

では、これらの商品をどこから仕入するのかが、気になるところでしょう。

実際の仕入方法について

いくつかの方法があります。

○海外からの仕入

○日本国内での問屋さんと呼ばれる卸専門の会社と取引する

私の場合は、百貨店催事などに出店している会社さんを調べて、直接お話を聞いて、取引を始めることが多いです。商品の裏面には、会社名が書いてありますから、そこから追いかけるのです。最初はお電話して、会ってもらうことから始めます。

海外からの仕入の場合は、自分で海外に行って買いつけをします。スーツケースいっぱいに雑貨を詰めて、税関で手続をして、店頭に並べます。

業務用のコーヒー屋さんは強い味方

カフェの場合は、もっとシンプルです。日本にはＵＣＣや、三本コーヒーのように、飲食店専門の卸の会社があります。こちらに、出店する際に何社か連絡を取って、打ち合わせをして、自分の好みのコーヒーやドリンク類を選ぶ機会をいただきます。

見積りを出してもらって、取引を開始するのですが、老舗の卸業者さんは、とても優れていて、コーヒーマシンや流行りのメニューなどについて、様々な情報をお持ちです。

ぜひそこから吸収して、実践しながら一番合う方法を見出せば、早道だと思います。

食品業者の利便性のよさ

また、その他の食材についてもですが、沢山の業者さんがあって、発注するとすぐ店舗に届けてくれます。買い出しの時間や負担が減るので、食品業者さんには、たくさん知恵をお借りしたほうがお得です。
どのようにして食品業者さんに出会うかですが、ご友人やお知り合いでレストランをされている人を見つけて、ご紹介してもらえたらよいです。もしくはインターネットでも調べることができます。ご紹介ほど親切にしてもらえないかもしれないですが、それも経験値を上げるにはいい機会です。

飛び込み営業を待ってみるのもよい方法

新店舗のときは、業者さんから「飛び込み営業」に合うことも少なくありません。それも、利用してしまいましょう。サンプルをもらって、勉強するのも、お店の成長に役立ちます。
もちろん、近所のスーパーで買い出しをするのも、手早くてよい方法です。ですが、業務用の「すごさ」を体験できるのも、お店を持っているからこそだと思います。

3　1人でもできるオペレーション

経費削減になる「ワンオペ」

レストランも「ワンオペ」と呼ばれる、1人でお店番ができる業態ではありますが、お食事を提供するので、料理を準備している間にレジにお客様がいらっしゃると、少々慌てます。視覚的にも、心情的にも、これはあまりよいサービスとは言えません。

その点、雑貨やカフェは、小さい店舗でしたら、雰囲気的に「ワンオペ」が可能になります。「少々、お待ちくださいね」が通用すると言いますか、それもお店の一部として取り扱われることができます。

お客様はお待ちいただいている間に、商品を見たり、メニューを選んだりと、のんびりしてくれます。この部分は、レストランのみの店舗との大きな違いになります。

お客様側に、急いでお食事をする必要がない場合に選ばれるのが、雑貨・カフェのよさです。

とにかく、入念な準備をしましょう

１人で店舗を運営するときの注意点は、「①徹底的な準備」と「②優れた導線」です。

１人でお店を回すには、無駄のない店舗つくりをおすすめします。人を雇わなくていい分、「時短」できる部分は、よく考えたほうが後から助かります。

「①徹底的な準備」と「②優れた導線」はどのようにすればいいのか、具体的に説明します。

①徹底的な準備

確実に備品、在庫の置き場を把握する。特に雑貨の在庫は、小さな手帳に書いてポケットに入れておく。女性の場合、小さなショルダーバックか、ウエストポーチに在庫表、ペン、メモ、メジャー、電卓、ハサミ等を入れておくと、お客様から離れずに、様々なときに対応できます。

実は私がルイ・ヴィトン時代に使っていた方法なのですが、備品はすべて身につけておいたほうが、バタバタしなくて済んで、ちょっとエレガントに見えます。

例えば、「これとこれ、いくらですか？」と言われたとき、電卓があればその場で計算ができます。

「このバック、サイズ何センチですか？」と言われたとき、メジャーがあればその場で計ることができます。

「このまま、アクセサリー付けて帰りたいんだけど」と言われたとき、ハサミがあれば値札をカットして差し上げることができます。

このように、サービスが素早くなるのです。とても便利です。

在庫も毎日把握すること

軽食メニューもそうです。当日の朝、在庫をメモに書いておけば、「今、何食ある」と把握できるので、一度注文を取ってしまってから「すみません、今日、終わってしまって」というお詫びをしなくてすみます。通してしまった注文を取り消すことは、本当に心苦しいので、この小さな努力は惜しまずに取り組んでください。

ちょっとした工夫ですが、お客様に優しく接することができます。

何より、慌てないために、「準備」は大切なサービスの要因であると言えます。

②優れた導線

何店舗やってみても、オープンしてから、変更したくなるのが「導線」です。最初から図面で確実に見えたら、本当によいのですが、不可能に近いです。

小さなキッチンだとしても、提供するまでの「流れ」は、やってみないと見えてこないもので、使い勝手をよくするために、何か足したり、減らしたり、動かしたりすることになります。

ですので、設計の段階で、収納のサイズなどは、はっきりと決めないほうがよいのではないかと思います。「お店をやりながら徐々に変化する」ということは当たり前なので、お店づくりに着手したら、導線の確保はぜひ念頭に入れてください。

私の失敗例

私の経験で、やってしまった失敗例をご紹介します。

①レジを店内奥に設置したところ、お支払いをするお客様と入店するお客様がぶつかってしまった。そのためレジの位置を出口に変更したことにより、電源の工事が必要となった。

②カウンターの出口を、入り口側に設置したところ、レジの前と重なって、お客様がお会計中は、カウンターから出れなくなった。

③カウンターをU字型にして、店舗の一番奥に、出入口をつくったら、お客様をカウンターから出て、お見送りするのが大変になった。

④素敵な「大テーブル」を設置したら、お料理の提供が大変になった。
⑤冷凍品はそんなにないだろうと予想し、冷凍庫のサイズを小さくしたら、すべてが入らなくなり、冷凍庫を新しく購入。置くところが店頭しかなく、客席を2席潰すことになった。

カウンターにも落とし穴がある

私の失敗例で2回出てきましたが、「カウンター」は、1人で営業するのに、とても優れていますが、外に出る場所の導線を考えてつくらないと、出られなくなります。

バーなどでしたら、お会計もカウンターの中で済ませて、お見送りもカウンターの中からと、一貫して出なくてもよいのかもしれませんが、雑貨・カフェ店ですと、そうもいきません。

これからカウンターつきのお店を持とうとされている方がいましたら、お客様のお邪魔にならない出入口の確保を検討材料に入れてみてください。

具体的には、1か所では不便なので、2か所設置できたら、よいのではないかと思います。

4　オリジナル商品の制作

オリジナル商品をつくってみよう

せっかく、自分の理想のお店をつくるのですから、究極の「オリジナル商品」をつくりましょう。

【図表14　撮影用 お菓子の家スケッチ】

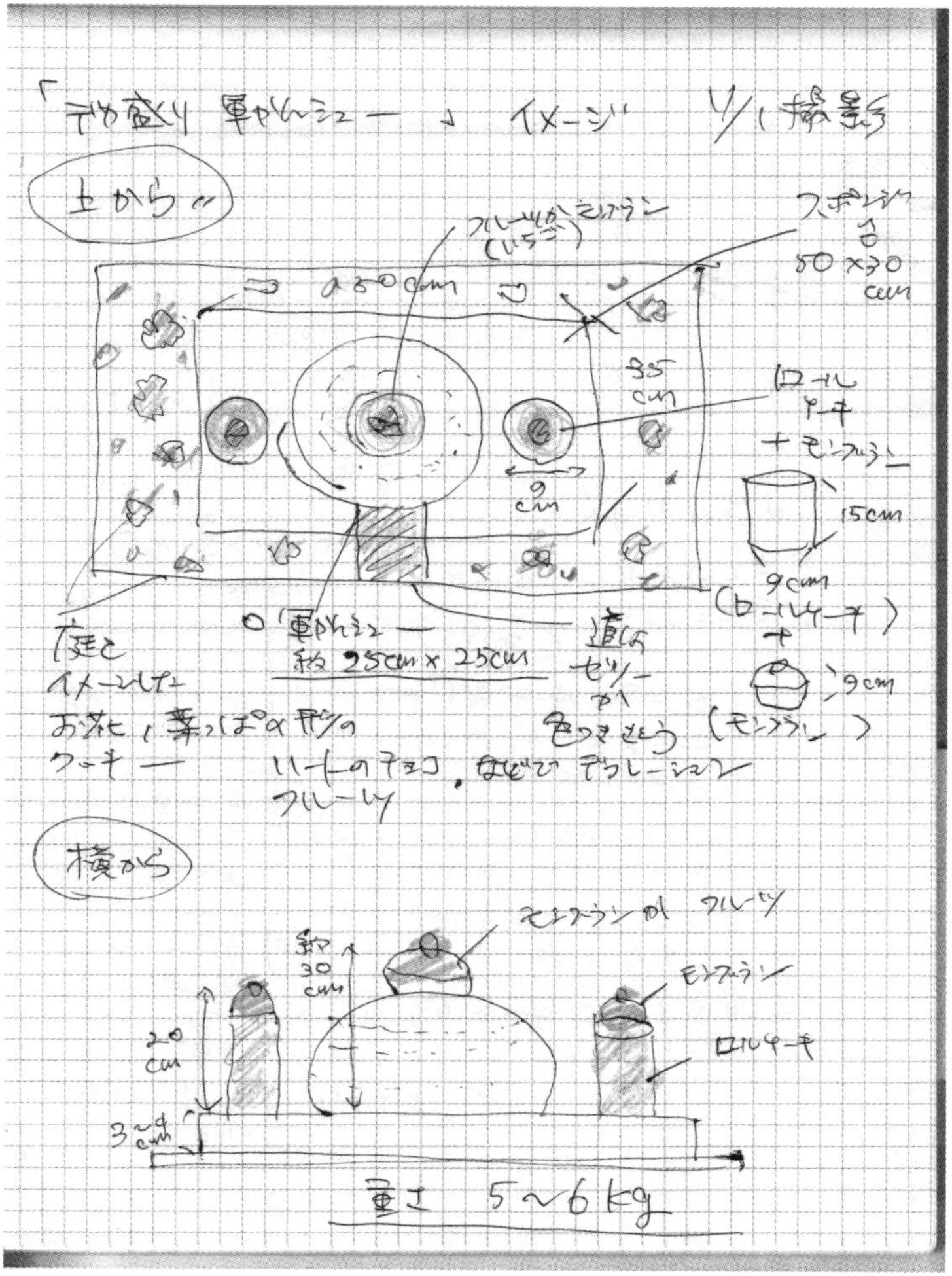

最高峰は、手づくりのものになると思います。

例えば、手づくりの雑貨、バック、お洋服、食品ですと、焼き菓子、ケーキ、パンなどでしょうか。雑貨に関しては、特別な資格も必要ないですし、賞味期限もないので、自分で製作したものや、お友達で器用な人がいたら、その人の作品を置いてみるのもよいと思います。

値札を付けて、店頭に飾るだけで、オリジナル商品の販売スタートです。

ご友人とのお商売について

お友達とお仕事をするに当たっては、仕入の方法を「売上仕入」にすると、お互いの気持ちが楽になると思います。これは、最初から「全部買い取る」という方法ではなくて、「売れた分を後でお支払いしますね」という仕入の方法です。

具体的には、次のとおりです。
①お友達から、定価1000円（仕入600円）のバックを10点預かる。
②店頭に並べる。この時にお友達のプロフィールや商品説明のPOPを置くと効果的です。
③レジに、「オリジナルバック」の項目を登録する。
④月末に、何点売れたのかを確認する。
⑤5点販売していたら、600円×5＝3000円の請求書をお友達に発行してもらう。
⑥店舗から、お友達へお支払いをする。

売れてから、売れた分の仕入金額を支払うという方法です。
こうすれば、お互いの気持ちも楽で、お店のリスクも回避できます。

売場を提供するような気持ちで取り組もう

最初に全部、買い取ってしまうと、売れなかったときにショックですし、何となく友人関係の調子が悪くなります。お店側は「売り場」を家賃なしで提供していて、宣伝や接客もするので、持ちつ持たれつの関係でいたいですから、「売れたら分けよう」にしたほうが楽しく商売できます。目新しくなり、来店機会も得られますから、月ごとにいろいろな商品を置いてみて、お試ししてもよいと思います。

百貨店や、商業施設では、この方法をかっこよく「ポップアップショップ」と言っています。

お菓子などの食品の扱い方

次にお菓子などの食品の販売についてです。

食品は、雑貨に比べると、少々複雑な手続があります。必要な資格は次の2つです。

①菓子製造営業許可証（店舗用）
②食品衛生責任者証

カフェを併設の雑貨店の場合、食品衛生の許可は既に取得済みのはずですので、それに加えて、お菓子用の資格を取らないといけなくなります。

食品表示シールをつくりましょう

焼き菓子・ケーキ・パンなどを店頭に陳列して販売するためには、食品表示も必要になります。

「材料、添加物、アレルギー食品、住所、賞味期限」などを記入しなければなりません。

お店でつくってそのままお出しするものは必要ないのですが、店頭にディスプレイして販売するものにはシールをつくって、商品の裏に貼らないといけません。

スーパーやコンビニの商品を手に取ると、裏面に色々なことが書いたシールが貼ってあると思います。同じことをしなければならないのです。図表15には、必要な項目を紹介していきます。参考にしてください。

ちょっと難しくなってしまいますね。でも、美味しいクッキーができたら、販売したほうがよいですので、近所の保健所に相談しつつ、チャレンジしてみるとよいと思います。

【図表15　食品表示で明記する項目】

< 食品表示で明記する項目 >	
1	材料（多い順に）
2	添加物
3	アレルギー食品
4	責任者の所在
5	賞味期限、または消費期限
アレルギー食品は、義務付けられている７品目（卵、小麦、乳、エビ、カニ、落花生、そば）	
＊その場で調理して販売する場合は、食品表示はいりません。	

手づくりクッキーはどうやって販売する？

ここで注意点ですが、お友達のつくったクッキーを販売するのは、かなりハードルが高いです。お友達のご自宅にお菓子専用のスペースをつくって、食品衛生責任者と菓子製造営業許可証を取得して、店舗と同じように保健所の許可を取っていただいてからでないと、販売ができません。

もしも、お友達がお菓子つくりの名人だったら、あなたのカフェに来てもらって、その場でつくっていただいたほうがよいです。

販売の責任者は店舗になりますので、様々な許可証は、「お店」が持っています。そして、店舗が責任を持てば、マルシェに出店したり、バザーに出たり、いろんなイベントでお菓子の販売ができるようになります。

「お店」ってすごい力を持っているのです。

5　輸入・買いつけの仕方

一度はチャレンジしてみたい「買いつけ」

ちょっと「夢」のある話をします。

いつか、お店が軌道に乗って、好きな商品を今よりもっと並べられるようになったら、海外に好きな商品を「買いつけ」に行ってみてもよいと思います。

簡単に言うと、「スーツケースを空の状態にして、海外に出かけて行って、市場や街で好きな物を買って、日本に持って帰って、お店に置く」のです。

バイヤーをやってみましょう

これが利益が出るか出ないかは、置いといて、せっかく「お店」を持ったなら、自分へのご褒美として、「バイヤー」を経験してみても楽しいと思います。

注意点としては、「交通費がかかる」、「滞在費がかかる」、「スーツケースが重くなると追加で料金がかかる」、「関税がかかる」です。

そこに利益を乗せて販売しなければならないのですが、ここはあまり細かく考えずに、時々ならば、商売の中の1つの部門としてよいです。お商売には、遊びの部分もないと長続きしません。

一般的なブランドのやり方（簡易版）

少しだけ、本気バージョンをご紹介します。結構大変です。

①海外の展示会にバイヤーとして参加（半年に1度は「春夏・秋冬」コレクションに行く）
②現地のメーカーと商談
③発注・納期の確認
④輸入・検品

【図表16　輸入雑貨の買いつけ】

⑤海外送金
⑥日本国内で展示会
⑦販売促進及び販売

インスピレーションを養うことができる

私の経験からですが、商品は自分で持って帰れるほうが、安心で安全で費用も抑えられます。

アジアでもヨーロッパでも、好きな国に行って、文化を学んで、ディスプレイを見て、現地でしかない商品を買って帰って、自分の店で紹介するのは、人生の糧になります。

もし、この大変な手間と時間がかけられない場合は、インターネットでいろいろな国の雑貨や食品が購入できるサイトを利用する方法もあります。

店舗用になっているので、まずは登録して、仕入ができる体制にしておくのも、便利でよいと思います。

6　棚卸をしてみよう

棚卸の必要性

「棚卸（たなおろし）」とは、在庫が今、どのくらいあるかを、確認する作業になります。

個人事業主・会社に関わらず、棚卸は必要となります。

何のために「棚卸」をするかというと、経営的には、「現在の本当の利益」を知ることで、運営的には、「整理整頓」だと思います。

見た目の利益と本当の利益

1000円の商品を3点販売して、仕入が1個500円なら、利益500円×3で、1500円の儲けのはずです。が、実はこれは、「見た目だけの利益」になります。

この商品を5点仕入れていたら、残りの在庫が2点あります。価値は500円×2で1000円。「見た目の利益」1500円から、在庫分の1000円を引くと、「本当の利益」は500円しかないのです。

よく大きな会社が決算で売上は多いのに、赤字になったなどということを報道していたら、それは在庫を抱え過ぎたのかもしれません。儲かったつもりが在庫分を引いたら、赤字になってしまうということが起きるのです。

在庫の把握は、継続への第一歩

運営的に「整理整頓」というのは、いくつか意味があります。

雑貨の場合、売れなかったとしても、長時間「お店」に存在することができます。このベテラン商品たちをどうするかを考えるきっかけになります。

よくある方法は、「セール」です。値下げして販売して、在庫を一掃することにより、そのお金で新しい商品を仕入れることができます。新商品は、商売に「風」を吹かせます。

新作によって、飛躍することができたりします。

セールも仕事の一部

「赤字覚悟の総決算」なんて、よく聞くキャッチコピーですが、本気でやっている会社はあると思います。仕入値より、安く販売したとしても、現金が残るほうがキャッシュフローはよくなります。

商売をすると、このキャッシュフローの大切さが身に沁みます。

会社は、現金がなくなると「倒産」してしまいますから、何としても確保しなければならないのが、「現金」なのです。

数を数えることで産む効果

もう１つは、盗難防止や、従業員に対するアピールです。スーパーブランドなら、午後に１度「仮棚卸（かりたなおろし）」をするところがあります。店頭の在庫を営業時間中に数えるのです。

小まめに商品の数を確認する作業は、店舗に規律と軽い緊張感を与えます。オーナーが「見てますよ」というサインにもなります。

カフェの場合は食材が痛むほうが先にやってくるので、棚卸は1年に1回でも大丈夫です。それでも、ただ数えるという仕事が、生み出す運営的効果は格別なので、さぼらず「棚卸」しましょう。

7　在庫管理

先入先出をするために

カフェの在庫管理は、形があってないようなものを追いかけることになりますが、衛生面を保つために、必ず行いましょう。雑貨については、前項の「棚卸」を参考にしてください。

在庫の管理は、表をつくってチェックしてもらう式にすれば、簡単です。

食品の在庫管理で一番大切なのは、「先入先出」です。

もちろん雑貨でも大切なことではあるのですが、「食べる物」を扱うことは、常に緊張感を持っていなければなりません。

図表17は、弊店で使用している在庫管理シートです。品名・単位・在庫個数を必ず記入してください。加えて仕入金額を見えるようにすると、在庫金額がわかりやすいのです。

【図表17　在庫管理シート・サンプル】

品名	単位	在庫個数	品名	単位	在庫個数
ビーフカリー（店内用）	個	60	アイスコーヒー	本	
チキンカリー（店内用）	個	30	アイスティー	本	1
野菜カリー（店内用）	個	30	ヨーロピアンブレンド	P	10
ハヤシライス（店内用）	個	10			
きのこカリー	個		アサヒスーパードライ（小瓶）	本	10
ごく辛カリー	個	15	ハートランドビン	本	
プレミアムカリー	個	5	トライアングルジンジャー	本	

賞味期限を見落とさないように

今、何食あって、何日に何が入荷してなど、在庫が常に回るようにしなければなりません。ビールにも賞味期限があります。瓶ビールであっても、必ず過剰在庫を持たないように気を付けます。

しかし、品切れになるのも、お店としてはいけないことなので、「適正な数」というのをお店が開店して、半年以内くらいに見極めて、保てるように、仕組みをつくります。

チェックは、マメに行いましょう

できれば1週間に一度、曜日を決めて「適正在庫」に近いかどうかを確認する日を設定するとよいと思います。

玉子などは、表面に水性ペンで、消費期限を書いてしまうと、ケースがなくなっても安心です。

もう1つ、冷蔵庫を「適正在庫」に合わせてしまうという高度なテクニックがあります。

余計なものが入らなくなると、無駄が減ります。冷蔵庫の奥底から、いつのものだかわからない野菜や調味料が出てこないように、従業員に「ケチ」と言われても、ストック場所を増やさない努力をしています。

8　利益率について

どのくらいなら合格点になるのか

利益率については、高いほうがもちろんよいのですが、私は10％儲かったら、いいなと思って仕事しています。細かい計算は大変なので、とにかく1年通してみて、1割残ればいいなと思っていれば、大丈夫だと思います。

1か月、100万円売ったら、10万円儲かる。1年間で120万円くらい儲かるくらいの、大きな感覚で問題ありません。また3年くらい儲からなくても、生活していければ大丈夫くらいに思って、続けてください。続けることこそが、利益率を上げる唯一の方法です。

大好きな「お店」を継続していくには、「利益」を上げなければいけません。儲からないと、せっかく開けても、すぐになくなってしまうのが、店舗の特徴でもあります。

店舗運営は、お金との闘いでもある

それは、家賃、人件費、仕入や、減価償却（最初に遣ったお金の返済のようなもの）が付いて回るからです。

毎月、お勤めしていたときと比較すると、気絶しそうな金額が必要になります。

しかも、飲食店は、広き門で多くの人がチャレンジするので、「3年で70％の店舗が閉店する」、「10年残れるのは1割」などと言われたりします。

私は、そんなのやったことのない人が言っていることだと思っています。心配しすぎなくて大丈夫です。

もし店舗が長く続かなかった理由があるとしたら、最初にお金を遣い過ぎている可能性が高いです。店舗を開けるとなると、沢山の業者さんが、寄ってきてお金のかかる素敵な話をします。純粋な人だったら、信じてしまうかもしれません。

初期費用を抑え、ランニングコストを考えること

大切なのは、「最初に店舗をつくる予算を決めたらブレないこと」と「6か月は儲からなくても大丈夫なくらいの蓄えを持つこと」です。

蓄えがあるうちは、いろんな「次の手」を考えることができます。それから、貯金をしてから独立してほしいです。最初から借金では、身体が付いていかなくなります。

初期費用に沢山のお金をかけて、最初だけしか楽しくなかった店舗を私は多く見てきました。美味しいお料理や可愛い商品を持っていたら、内装や工事に費用をかける必要性はないと思います。

9 ディスプレイ（展示・陳列）の重要性

ディスプレイに挑戦しましょう

雑貨・カフェ店を運営する上で、楽しくもあり、お客様の目に留めていただける大きな要素として、「ディスプレイ」（店内装飾や、ホームページ上のイメージ画像）があります。店内でも入り口でも、看板でも素敵なディスプレイがあると、お店が様になります。

特に、「何がお店の特徴であるか」、「どの商品がおすすめか」、「商品のこだわり」などを、店内の随所に散りばめると、お店のコンセプト（概念。基本的な観点や考え方）を視覚的に伝えやすくなります。

例えば、博物館や展示会での、展示方法は、最も典型的な例となります。一番見てほしい作品は、一番いい場所に展示してあります。

陳列は、表現の場である

どの作品や、商品を、お客様の目に留めてほしいか、その上で「お店」の表現したいことをお伝えする。お客様は、目から入ってくる情報で、お店のおすすめ商品を確認することができます。

百貨店、コンビニ、スーパーでも、人の目の高さにある棚には、「売れ筋商品」が必ず陳列して

【図表18　りんごと塩のディスプレイ】

あります。この「一番見やすい場所」のことを「ゴールデンゾーン」と言います。

コンビニで一番下の棚に、お子さんが大好きなお菓子が陳列してありますが、これは年代にあった「ゴールデンゾーン」の代表的なものです。

小さいお子さんは、高い棚は見えませんし、手が届きません。考えられた陳列方法になります。

売上を上げるために

店舗はちょっとした工夫で、売上が変わってきます。わかりやすい例のもう1つとして、コンビニのレジ横の商品が挙げられます。

目的の商品を買い物かごに入れた後、レジに並んでいる間に、目に入ってしまう「和菓子」や「揚げ物」に心を持って行かれて、ついつい買ってしまうことがあると思います。

これはディスプレイの勝利を意味します。

商品の印象をアップさせる

ホームページや、チラシも素敵なイメージ写真が入っていると、見るだけで購買意欲がわきます。これも視覚的に「買いたくなる」ように、ディスプレイが訴えかけているのです。

店頭の陳列は、お店のスタッフがする必要があります。ホームページの写真等は、事前に美しく素敵に見える写真を撮る必要があります。

どちらも慣れないと、どうしていいかわからなくなるので、最初に「見本」となる画像を準備することをおすすめします。

大きな会社ですと、ビジュアルマーチャンダイジング（視覚的要素）が資料として準備されてあり、それを店舗にて真似することになります。しかし、個人店では、店主自身が、自分の想いを演出していいので、楽しんでチャレンジしてみるとよいと思います。

真似から始めましょう

装飾って難しそうだなと思う人は、まずは売れているお店の真似から始めてみると、段々と上手になって、独自性も出せるようになります。

よく注意してみると、街には素敵なディスプレイがたくさんあります。百貨店や高級スーパーなどの陳列や装飾は、プロの仕事の結晶なので、とても勉強になります。

頑張って、「見た目からお客様の心をつかむ」方法を研究してみてください。

10　お店の名刺をつくろう

お店の情報を持ち歩こう

ショップカード（図表19）とＷＥＢページは、お店の情報を発信するのにとても大切なものです。できれば自分でデザインしてもよいですし、プロに頼むのもよいです。

最近はインターネットで入稿して、簡単に「紙」の印刷ができるので、ショップカードと名刺は、「ひな形」を探して、印刷をすることをおすすめします。１００枚で９８０円くらいから印刷できるので、便利な上にご家庭用のプリンターより仕上がりがよいです。

特にショップカードは、長く持っていただきたいものなので、ここも少しお金をかけてください。

小ロットから始めよう

最初は５００枚くらい刷って、なくなったら追加するほうが安全です。店舗は、開店してみて気が付くことが沢山出てきます。

思っていたより、開店時間を遅くしたほうがよかったり、近所にあるわかりやすい場所を追加の情報として載せたり、何かしらの変更点が発生するものなので、印刷物は最初の1か月分くらいを用意すれば十分です。

【図表19　蜂の家　ショップカード】

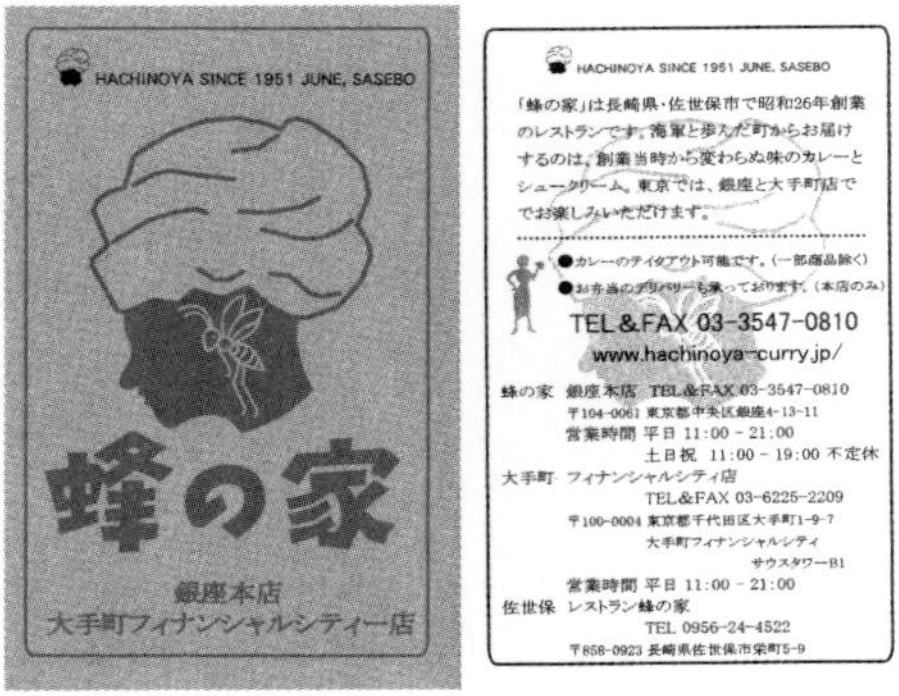

大量に印刷をしてしまうと、無駄になってしまうことが多々あるので、小ロットずつ追加をするのがおすすめです。

あったほうが、お店の信頼性が増すＷＥＢページ

ＷＥＢページは、通信販売をしないのであれば、情報発信の場としてのみ使用することになるので、ちょっとだけ素敵であれば、最初は大丈夫です。

つくらなければならない画面は、ホーム、店舗情報、会社概要、メニューくらいで充分ですので、ホームページ制作会社に発注しても高額にはなりません。

ただ、ご自身で管理できたほうが、メニューの追加などが即日できて、料金もかからないので、便利です。

慣れるまで大変ですが、ご自身でつくってみるのも楽しいと思います。

もっと簡単にしたければ、自分で比較サイトやグーグルマップに投稿すれば、ＷＥＢページらしい雰囲気で、お店の情報が掲載されます。比較サイトのよいところは、この部分です。

第3章　お店を流行らせる方法（集客の仕方）

1　プレスリリースをつくろう（お店の宣伝の仕方）

宣伝はとても重要

新店舗をオープンして、お友達や近隣の方が面白がって来てくださるのは、最初のうちだけです。新しい店舗は次から次へと開店するので、1か月を過ぎた頃に一度寂しい日がやってきます。3か月過ぎた頃には、既に忘れられたのではないかと思うほどの「静けさ」がやってきます。ちょっと心が折れる時期に突入するのです。

これは店舗に限ったことではなく、どんなお商売も必ず広告宣伝の必要があります。何もしないで、お店が有名になることは、ほとんどないのが現実です。

この「宣伝」の部分は、独立する際に見落としてしまう箇所なので、この章では「どうしたら宣伝できるか」を伝えていければと思います。

メディアとのお付き合いの仕方

「お店」を多くの人に知ってもらって、興味を持ってもらうためには、メディアの力が必要です。ちょっと、気を留めて街を歩くと、そこには広告宣伝が、たくさん存在します。

電車の中、ビルのディスプレイ、新聞広告、ＹｏｕＴｕｂｅ、Ｙａｈｏｏ、Ｇｏｏｇｌｅ、すべて「広告」であふれています。スマートフォンを開けるだけで、広告のページにいつの間にかたどり着きます。

多くの広告は、お金を払って何かに掲載をしてもらっています。それが、多くの人の元へ情報として届くように仕組まれているのです。

では、その仕組みに載るにはどうすればいいでしょうか。しかもお金をかけずにです。

まずは、自分で原稿を書いてみること

私は、最初に「プレスリリース」をつくりました。これは何かと言いますと、メディアの人向けに体裁を整えた「お店の情報」を書いた原稿です。

書かなければいけないことは、次の8つです。
①お店の基本情報（店名、住所、電話番号、営業時間）
②どんな商品があるのか
③お店の特徴
④名物商品
⑤出店した経緯
⑥ちょっとしたブランドストーリー
⑦話題になりそうなこと（東京初進出、手づくり、ご当地もの等）

⑧広報担当の連絡先（メールアドレスや携帯など）

取材をしてもうために

特に「話題性」は重要です。この部分が楽しい内容でないと、新聞やニュースが取り上げてくれません。何気なく、見ているニュースや新聞は、取材をしてくれる人が必ずいます。その人の目に留めてもらう「面白いこと」があれば、連絡が入り取材をしてもらえることになります。

なかなか、難しい手法ではありますが、１００社にメールして、1社でも取り上げてくれれば、チャンスが広がるので頑張ってみてほしいです。

書き方について

「プレスリリース」の書き方が不安な方は、インターネットで大きな会社の広報のプロが書いているものを真似してください。最初は上手にできなくても、数をこなせば要領がわかってきます。

魅力ある「店舗情報」は何よりも宣伝効果があります。ハイブランドにいた頃に、ある雑誌の編集長から宣伝について言われたことがあります。

「いくらよい商品でも、自分でよいと言っているうちは、なかなか世間が認めないよ。誰かほかの人（特によいメディアの人）によいって言ってもらったときに、宣伝になる。だから、上手にメディアと付き合いなさいね」

【図表20　蜂の家　オープン時のご案内】

2007.1/20(土) 12:00PM OPEN!!
長崎県・佐世保市からやってきた長崎カリー
銀座で本当に美味しいカレーライスに出会えます
HACHINOYA
SINCE 1951 JUNE
SASEBO
蜂の家
銀座本店
<MENU> ビーフカリー，チキンカリー，野菜カリー，ハヤシ：各 700 円
(お持ち帰り，お弁当もご用意しております)
※本状をお持ちの方先着 1000 名様に佐世保の懐かしい乳酸菌飲料
"クールソフト" をプレゼント！

自分発信だけでは足りません。他者の評価が「お店」を生かすために、大切なのです。

わかりやすい例ですと、「有名人が行っているお店」って美味しそうで、信用できそうな気がしませんか？　そういう効果を狙って、気持を込めて書くのが「プレスリリース」になります。

2　チラシ・クーポンをつくろう

ご近所へ向けた広告宣伝方法

近隣のお客様に向けて、ぜひチラシとクーポンをつくりましょう。特にお得感のあるクーポンは、初来店を促すには、とても効果があります。

誰でもそうですが、初めてのお店は、ちょっと勇気がいるものです。サイトで口コミが複数確認できないうちは、何を注文すれば正解かがわからないので、これもクーポンが手助けをします。

クーポンのよいところは、おすすめの商品を自然に宣伝できることです。

クーポンが初来店をうながす

お店の一押しの商品に、50円引きや１００円引きのクーポン付のチラシを作成すれば、有効です。トッピングや、オマケが付くサービスもよいのですが、最初は思い切って「お値引き」してしまうほうが、お得感が増してご利用につながると思います。

ちなみに、百貨店や量販店から時々届く、「この催事にご来店くださったら、オリジナルタッパーウエアプレゼント」などのハガキのリターン率は、１～２％だそうです。１～２％が多いかというと、何万通も出すご案内に対して、近隣の方も含まれない場合もあるし、わざわざ交通費を使ってのご来店もあるしということを考慮すると、高確率に当たるそうです。

規模の大きい店舗ですと、大きなキャンペーンが打てますが、個人商店ではなるべく節約してリターン率の上がる広告宣伝が必要になってきます。

最初は、自分でつくってみよう

チラシやクーポンを自分で制作して、自分でポスティングすれば、ハガキをつくって発送したり、ノベルティグッズを作成したりするより、費用がかかりません。

クーポン1枚の印刷代を５円くらいに設定して、まずはつくってみましょう。お値引きは、一瞬惜しい感じがしますが、お客様にとっても、店舗に取っても経費削減になる、よい方法です。

ノベルティグッズは、つくって余ると大変です。置き場所、在庫管理、棚卸まで、いろいろな手順が必要になるので、楽しいですが最初は得策ではありません。

独自の工夫を入れてみる

私が助かったのは「雨の日クーポン」です。雨の日に50円引きにするクーポン券を、来店された際にお渡ししていました。

最初は可愛い箱に入れて、お店の前にも設置していました。路面店の場合、雨の日は必ず売上が下がります。人は雨が降ると出かけたくなくなるので、それでも来店してもらうために、考えた方法です。

ちょっとしたことですが、毎日の売上の役に立ちそうなクーポンは考えだすと楽しいので、ぜひ着手してみてください。

楽しくなるクーポンの考え方

大手にしかできないこともありますが、自分の店舗だからこそできることがあるはずです。例えば、常連さんなら「顔パスクーポン」の発行ができます。クーポン持っていなくても「雨が降れば50円引き」や、「お野菜足りなそうな人にトッピングしちゃう」、「お腹空いていそうだったら、大盛りにしちゃう」などの仮想クーポンは、個人店だからこそ面白いことができると思います。

チラシには、お店の場所やメニュー、商品、出前が可能かどうか、予約方法、お店のストーリーも載せてください。店主がどうして「ここにお店を出したのか」ということが書いてあると、ちょっと心に留まります。しかも、それを口コミしてくれることもあって、一石二鳥です。

ここでも、大切なのは、店主の思いをきちんと込めることです。気の利いたことより、かっこいいことより、人を動かすことができるのは、そのお店をつくった人の「気持ち」だと思います。

3　テレビや、雑誌、新聞に出る努力の仕方

ダメで元々、まずは、アタックすること

おかげさまで私のお店「蜂の家」は、銀座店の場所が、目立つ場所にあるのと、オープン直後に沢山メディアの方々にお願いしたことが実を結んで、１年で35以上のメディアに取り上げていただきました。

最初は、長崎新聞でした。長崎・佐世保の東京初出店だったので、とても親切に取材してくださいました。

そこからは、夕方のニュース番組や、グルメ雑誌に掲載していただきました（図表21）。

【図表21　ラジオ日本にて峰さんと】

私は、有料の取材は受けませんでした。経費もかかるし、信用することもできませんでした。

転機は、「秘密のケンミンＳＨＯＷ」という番組に、蜂の家の「軍艦シュークリーム」を取り上げていただいたことです。

10席しかないカレーライス屋が、すごい数を検索されて、朝

【図表22　軍艦シュークリーム】

の8時から夜の22時までお店の電話は鳴りやみませんでした。売上も通常の2倍以上売れました。

珍しい名物商品の強み

2キロある大きなシュークリームは、面白がっていただくメディアが多く、たちまち他のメディアにも取り上げていただくことができました。

メディア、特にテレビ制作の方は、忙しいのもあって、インターネットや過去の放送から、次に取り上げたい物を探すようです。

それもあって、1回よい番組に注目してもらえると、連鎖的にテレビの取材が入るものなのだなと経験することによってわかりました。

宣伝には、いろいろなキーワードを入れる

カレーライス、ご当地、歌舞伎役者さんご用達など、いろんな要素を盛り込んだ、私のお店は、多くのバラエティ

番組にご紹介いただいて、認知度が上がりました。

そして、メディアに一番選ばれた商品は、「軍艦シュークリーム」でした。

約40年前に長崎・佐世保で、生まれた「サプライズ用」のシュークリームです。

当時、若いお嬢さんが、体調のすぐれないお母さまをびっくりさせて喜ばせようとして「レストラン蜂の家」にオーダーされた商品が、今も多くの方に親しみと驚きを持って、楽しんでいただいています。

「心に残るような逸品」って、何よりのメディア対応になるのだなと、毎回感心しています。

4　接客・サービスの重要性

個人店だからと怠ってはいけない練習

お店を開店させるときに、見落としがちなのが「接客・サービスの基本」を練習することです。

外観・内観・メニューなどハード面がとても、美しく整えられても、スタッフの言葉遣いや、おもてなしの気持ちが欠けていては、繁盛店への道が遠くなります。

逆にお店の造りにお金がかかっていなくても、親切な売り場はお客様がリピートしてくれます。

これは通信販売でも同じことで、メールの対応やスピードの速さが売上を左右します。そのくらい、お商売をするには、最後は「人の手」がいるということですね。

では、実際に「サービス」の質を上げるにはどういった方法を取ればいいのでしょうか。

これは、「練習」と普段からの「心がけ」が大切になります。

Q&Aを用意して、実際にやってみる

練習はロールプレイング形式で行うと、上達が早いです。1人で運営されるときも同様で、鏡に向かって練習することをおすすめします。

これも恥ずかしいですけど、「話す自分」と「ニコニコする自分」と向き合ってみると、どうすればお客様に感じよく接することができるかの研究になります。

不愛想でも、お料理が美味しければ大丈夫ではありません。「居心地のよい」場所を提供するのが、通いたくなる「お店」です。

自分のためにも「ほめる」習慣をつける

それから、「ほめる練習」もぜひ取り組んでください。大人になると、なかなか褒められることはありません。上手にほめるのは難しい作業ですが、お客様のよいところを見つけたら、惜しげもなく言葉にしてしまったほうが喜んでもらえます。

慣れるまで時間がかかるかもしれませんが、褒めて、笑って楽しいお店づくりは、接客・サービスから生まれます。

5　出店は、外見ではなく「味・商品・サービス」

これから「お店」がお仕事になる

料理自慢の方が、脱サラしてご自身の好きなレストランを開店されることは、珍しくないと思います。

もしくは、憧れの「カフェ」ならできるかもしれないと、趣味で挑戦してみる方もいらっしゃいます。

ですので、ここでもう1回、出店するときに気を付けてほしいことを説明します。

先にも少し書きましたが、最初の出店は慣れないので、図面から完成したお店の様子が、完全には想像しづらいと思います。デザイナーさんの持ってくる素敵な店舗デザインは、キラキラしていてオーダーメイドで、心ときめくものになっているはずです。

プロの書いたデザイン画は、それまでの人生で見たことのないような「夢」の時間を体感できます。しかも、あなたのお店のために特別につくられたもので、感動しないわけがありません。

本当にやりたいことを思い出すこと

ですが、ここで基本に立ち返ってください。

「どんなお店を持ちたかった」でしょう。外見の美しい店舗だったでしょうか？

おそらく「この料理、美味しいから多くのお客様に食べてもらいたいな」、「この商品素敵だから販売したいな」、「自分も一緒に過ごせる居心地のよいカフェをつくりたいな」から始まっていたはずです。

それが、いろんな提案を受けるうちに、「空間づくり」に夢中になって、店舗づくりに妥協ができなくなってくる段階に突入してしまうのです。

お買い物に行って、最初は3万円の予算でお洋服を買う予定が、店員さんが見せてくれる、素敵な10万円の商品に気持ちが移ってしまい、後戻りができなくなる感覚にも似ています。

男性だったら、車やゴルフクラブなどの方が想像しやすいでしょうか。いろいろなオプションをご紹介されたら、ついつい予算オーバーでも思い切ってしまいそうになる経験はありませんか？

「空間つくり」の段階に、夢中になり過ぎないこと

お店も同様で、外見にお金をかけようと思ったら、いくらでも追加で素敵な装飾を施すことができ、テーブルや椅子にもこだわりだすと、止まらなくなっていきます。

どうか、この「夢心地」のタイミングから、早めに目を覚ましてください。

「初期費用」の使い過ぎは、後に店舗運営を苦しめます。

初心に返って、「何がしたくてお店を出すのか」を考えると、「味と商品」を販売する場所を提供

して、自分の生涯のお仕事にするのだったと気が付くはずです。

そして、そこはお商売をする場所なのです。

高額なソファー、かっこいいオープンキッチン、壁に映画を投影するプロジェクターなどは、必要ないのです。

経費削減のすすめ

私は何店舗か出店していますが、店舗にお金をかけていないことは、見る人が見たらすぐにわかります。内装工事のときに、結構びっくりされるくらいの経費削減をします。

かと言って、お手頃に出店するために「居抜き物件」での多店舗展開はしません。これは前にあった店舗の造作ごと買い取って、看板をかけ替えるだけの工事で出店する方法で、効率がよいと考える企業様が多いのも事実ですが、その方法での経費の圧縮はしないのです。

どこに投資するか考える

お客様が沢山来てくれそうな、よい場所は敷金や保証金が高いです。それでも、よい不動産に出会えたら、そこには迷わずに投資します。目に見えない部分にお金を遣います。

また、「美味しさ」と「商品の魅力」を伝えるための広告宣伝にもお金をかけます。あとは、サービスでカバーします。

「お店」は外見がかっこいいことより、「味と商品とサービス」の充実が大事です。長く続けて、地域に愛されるためにも、「何をしたかったか」を何回も確認しながら出店してください。

どこに経費を遣うべきか、見えてくると思います。

6　繁盛店は「美味しい」「かわいい」＋「よい空気感」

流行り続けているお店の特徴

繁盛している「お店」は、他と何が違うのでしょう。「美味しいものがある」「かわいい商品がある」というのは当然のことなのですが、「居心地のよい空気感」だと私は思っています。

新築で、ピカピカで、とても外見のよいお店でも、いつの間にかなくなってしまうことがあります。きっとお店を開ける前には、入念な準備をして、建築会社に頼んで、コンセプトを決めて、頑張ってきたのは、どの店舗も同じなのに、「流行る」か「流行らない」かは、どうも別の次元にあるようです。

全部成功できなくても仕方ない

私の会社は、小さな案件まで入れると、15年で6店舗出店してきましたが、当然のことながら、すべてが成功したとは言い切れません。

新しい「お店」をつくって、上手にできなくて、撤退しなければならなくなったときに、当然のことですが、「何がいけなかったんだろう」と考えます。失敗は成功の母でもあるので、あまり後悔することはないのですが、経済活動をしている上で「振り返り」は必要になります。次の店舗では、もっと上手にやろうと決心をするためです。

店舗は初期費用がかかるので、失敗すると相当な金銭的・精神的ダメージに襲われます。本当は、1店舗も失敗しないほうがよいに決まっていますが、こればかりは「時の運」のようなものが作用する場合があるので、仕方がありません。

根性論になってしまいますが「あきらめないこと」くらいしか手立てがないときもあります。

計算ではかれない部分がある

そして、毎回振り返ってみて、成功しても成功しなくても、その「決定的な理由は分析できない」のです。お商売の謎です。同じ商品、同じサービスで挑んでも「雰囲気」がよくないと、上手くいきません。お店の放つ「空気」がお商売のカギになるのです。

私は、「風水」を気にしたり、「開店日」を「大安吉日」に当てて縁起を担いだりすることはしません。それよりは最短・最速で出店して、時間をかけて店舗を育てる時間をつくるようにしています。

かなり実務的な方法で出店をしているので、「神様」にお願いしている時間がなかったり、目の前の「やること」に追われたりして、開店日を迎えることが多いです。お店の「雰囲気」をつくる際に、「神頼み」はしていないはずなので、お店自身から湧いて出てくる「ふわっとした」空気は、運営していく過程で生まれてくるのだと思います。

では、よい空気感は、どうやって生み出されるのでしょうか。

「頑張る」が実を結ぶときがある

それは、個人商店ならではの一生懸命さと、ひたむきさと、努力中の姿勢だと思います。

お客様が個人のお店に求めてくださるのは、「温かさ」や「いつもいるスタッフ」や、「未熟でも頑張っているところ」だと思います。そこに、面白さを求めて来店してくださる方がいて、もてなす店主や従業員がいることが、よい相乗効果を生みます。

選ばれる「お店」を目指すために

「美味しいもの」「かわいいもの」は、街に溢れています。その中で、お客様に選んでもらえる店舗になるためには、お店ごと好きになっていただかなければなりません。

優しい「空気感」は、自分の力で「お店」を立ち上げた人こそが、生み出せる努力の結晶です。

これは、大企業がマニュアル化してでも手に入れたいものです。頑張ってお客様を大切にして、「よい空気」つくり出しましょう。

７　清潔・誠実であること

お掃除は一番のサービスになる

とても基本的なことなのですが、店舗は「清潔」であるだけで、既にサービスに付加価値が付いています。朝のお掃除に加え、手が空いているときは、常にお掃除することは、店舗を「よいお店」に近づける早道です。

ありがたいことに、弊社のみんなはとてもきれい好きで、お店は常に清潔に保たれています。

大手町店においては、毎月行われる、ビル内の飲食店の衛生検査で、毎回「Ａランク」を頂戴するほどの高評価をいただいています。

見えない部分もキレイにすること

それは店頭の清掃だけではなく、キッチンが清潔であることを意味します。

キッチンには、グリストラップ（排水に含まれる油脂や、野菜くずなどを分離して排水管を詰まらせない装置）がついています。こちらは、業務用の厨房には設置が義務づけられているものです。

弊店では、このグリストラップをまめに掃除して、レストラン特有の「生ごみ」の匂いが漏れないようにしています。その他、ゴミを毎日処分することや、食器を拭く際のナプキンも頻繁に新調します。

小さな努力ではありますが、「カレーライス屋さんにしては、匂いがないお店」と言われるのは、このみんなの努力があるからだと思います。

お家に来ていただくときのように気を遣う

小まめな清掃によって、得られる快適さは個人店ではかなりポイントの高いところだと思います。

そして、働くみんながお客様に誠実であることも大切です。

ありがたいことに、私のお店は親切で誠実な人が多いので、少々、敬語が下手であってもお客様に不快を与えていないと思います。

お願いしたことを真面目に遂行してくれて、毎日元気で、健やかに居てくれるスタッフがいることは、それだけでホッとした空間を生みます。

真面目だから、日々の清掃も怠らず、サボらず店舗の環境を清潔に保ってくれています。

新しいうちは、お店はキレイです。でも年数が経つと、風格を携えるとともに、清潔感が失われていきます。

そこを何とかよい状態にするのには、みんなのたゆまぬ努力と協力が必要です。

お手洗いの清掃もルーティンな作業として、チェック項目を設け、決まった時間に衛生チェックをすると、印象がよくなります。

お掃除のルールは、最初に決めておいてもよい項目です。清潔さと誠実さで、お客様の心をつかみましょう。

8　比較サイトは気にしない

心が折れないようにする

開店してしばらくは、お友達や関係者のご来店で、楽しい時間を過ごすことができるのですが、人気店になり、メディアに出ると、見知らぬお客様がご来店されるようになります。

見知らぬとは、失礼かもしれないですが、近隣の方ではなく、何かを見て、興味を持って来店してくれるお客様が増えるということです。

メディアで取り上げられた後は、お店が通常より、混む場合があります。ということは、提供まで、お時間を頂戴することになります。お待たせしてしまうのです。

しかも、わざわざご来店くださっているので、期待は大きく、「いつものランチ」ではなく「特別なランチ」としていらしていただいているのです。

そうすると、何が起きるかというと、ご満足いただけなかった場合に、比較サイトによくない情報を書かれてしまうことがあります。

とても悲しいことですが、受け止めるしかありません。

書き込みは、その場のことと諦める

お友達や関係者だったら、低い評価での書き込みはされないと思います。ですが、期待をこめて来店されたお客様をお待たせしてしまうと、がっかりされてしまうのは仕方ありません。

外的要因もあります。あるデリバリーサービスに依頼して、商品を配達してもらったところ、「予定到着時刻より1分遅れた」と最低評価を書きこまれてしまったこともあります。評価サイトは、店舗からのお願いに耳を傾けてはくれません。「それも、店舗の責任です」と返答が来るだけです。

お食事は、趣向の問題もあります。多いのは、他のカレーショップと比較して、美味しくないと書かれてしまうことです。自分が好きで出したカレーライスが酷評されますと、最初は落ち込むこともありました。

かと言って、勉強にもなるのも事実なので、無視することもできないのが、この評価システムです。観光で銀座に来て、何か食べようかなと、カレーを検索して来てくださったお客様に満足をしてもらえなかった事実は事実として受け止めなければなりません。

ファンもいてくださることに目を向ける

ですが、長い年月営業してみて、私のお店は継続しているので、ある程度のファンがいてくださるということも事実です。

ちなみにですが、蜂の家　銀座本店の評価は、Ｇｏｏｇｌｅでは3・7、Ｒｅｔｔｙでは満足度

70％、食べログでは３・44となっています。気になるような気にならないような評価です。

大手町店フィナンシャルシティ店は、もっと評価が低いです。行列ができるお店なのに「あれ？」となります。

実感していることとしては

私の感覚ですが、年数が長くて沢山書き込みがあるほうが、評価点が平均点に近づくのかもしれません。

銀座店は場所柄、土日の来店も多く、評価サイトを検索する機会が多いのか、書き込み件数も多いです。

大手町店は、ほとんどが大手町にお勤めのお客様なので、評価サイトより口コミによるご来店が多いです。書き込み件数が少ないので、数件の悪い評価で点数が決まってしまいます。

そういう色々な事情がある中で、結論としては、目の前のお客様を喜ばせようと努力していれば、評価サイトに気持を振り回される必要はないと感じているということです。

インターネットは怖い部分もありますが、毎日、試行錯誤して運営していれば、気にしなくてよいと思います。

それよりは、ご近所に愛されるお店を目指したほうが、長く続けられる基盤が整います。インターネット検索で、ご来店される遠方のお客様より、地域に合ったお店は強いです。

【図表23　取材のお願い】

長崎文化放送　御中　担当者様宛

取材依頼・番組使用のお願い

新春の候、ますますご繁栄のこととお喜び申し上げます。
平素はなみなみならぬお引き立てを心より感謝申し上げます。

さて、おかげさまで私ども（株）ストリームは来る1月20日、銀座4丁目にカレー店
「蜂の家　銀座本店」をオープンするはこびとなりました。
こちらのカレー店は戦後間もなくから長崎におけるカレーの定番・老舗として続いてきた
「長崎カリー　蜂の家」の当県以外の初出店となります。

どうぞよろしければ、同送しておりますプレスリリース（表紙入全2枚）を
御一読いただき、弊社のショップを
番組作成に役立てて頂くべく、このFAXを関係各部所様宛に転送していただければ幸いです。

その他、貴社プログラム内で弊社ショップを取り上げていただける企画があれば
是非お願いしたく存じます。

突然のFAXなうえ、差し出がましいお願いは甚だ失礼かと存じますが
どうぞよろしくお願い申し上げます。

早々

連絡先
〒153-0044　東京都目黒区　　株式会社ストリーム
TEL&FAX
（携帯）

第4章　お店を継続させるためのコツ

1　組織図をつくろう

会社であることの大切さ

この章では、お店を大切に思えばこそ、実践している「会社っぽく」することを説明します。ちょっと固い箇所もありますので、読むのが大変な場合は、後回しにするか、飛ばしてください。

ただ、お店を維持するにおいて、「組織」であると意識するだけで、辞めたくなる人が格段に減りますので、参考にしていただけると嬉しいです。

大企業のような会社運営を心掛ける

心掛けていることに、小さい会社でも、小さいお店でも、大企業のような気持ちで運営しようと努力していることがあります。

理由は、働いてくれるみんなが、安心して仕事ができるように、保証や保険、仕組みはしっかりしたいからです。小さなお店だからといって、長時間労働や、お休みの取れない環境はよくありません。

最低でも、雇用保険、労働保険、健康保険、厚生年金は完備するべきです。その他に、年に1回の健康診断など、会社らしいことをするのが、一緒に働いてくれる皆とお店の成長につながります。

【図表24　組織図・サンプル】

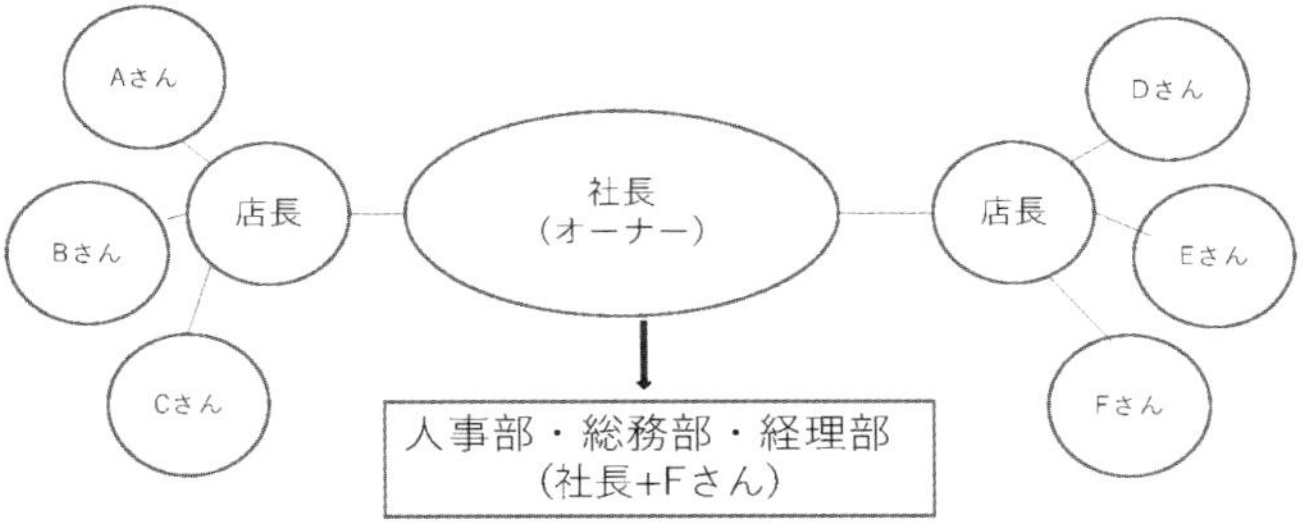

組織図は、視覚でわかる会社の現在

会社やお店の「現在」を見て把握しやすい方法として、「組織図」の作成は役に立ちます。

シフト表と似ていますが、誰がリーダーで、先輩かなどがわかりやすくなります。

ただ、私の実践している方法は、「太陽系」のように、真ん中にリーダーがいて、その周りをスタッフが囲む式の「平等」が見える組織図です。

誰だって、差別は好きではないはずですし、一緒にいてくれることに感謝して仕事をすれば、大体の困難は乗り越えられるし、それが見てわかるような「図」にまとめるようにしています。

ちょっと立派になったような気持ちで、後輩に偉そうにしてはダメです。私も仕事が滞ると、皆に注意もしますし、強めのお願いもします。でも、その分、自分が一生懸命に頑張ろうと心掛けています。

図表24は弊社の「組織図」のイメージです。よかったら、参考にしてください。

人事部・総務部・経理部をつくる

特徴としては、店舗の他に人事部・総務部・経理部があることです。

組織図にすると、誰が何の仕事に付いているかわかりやすいので、誰に何を頼めばいいかが理解しやすくなります。

次に、それぞれの部で何をするかを説明します。

①人事部

採用・研修・人事評価の設計・社員の労務管理、給与計算などを行う部署です。

②総務部

何でも屋さんとも言えます。施設や機器の管理・福利厚生まで、会社に必要なことで細分化できないことを一手に引き受ける部署です。

③経理部

会社のお金の流れを管理する部署です。試算表の作成、決算まで行います。

働くみんなのために、事務方を頑張る

小さな組織では、オーナーがほとんどの事務を行うことになります。そのときに頭を整理できるのが、「今、どの部署の仕事をしているのだろう」と考えることです。

組織で働く感覚を持つと、季節を感じることができます。スタッフのボーナス、健康診断、決算

や確定申告は、毎年の行事のようにやってきます。ルーティンにして、効率よく準備するのも「店主」としての大事な仕事です。

2　勤務表について

勤怠管理は、お給料に直結する

勤務表は、お給料を計算するにあたり、とても大切な書類です。毎月月末に回収できるように、店舗に「ルール」としてお願いしましょう。

インターネットで、「勤務表」「出勤簿」などと検索すれば近いものが出てきますので、それをコピーして利用してもよいです。また計算式を入れてしまったほうが、勤務時間や、時給の計算が楽になる場合は、自作のエクセルを店舗に渡して使ってもらう方法もあります。

手書きの勤務表は、不正ができるのではないかと思われる人もいますが、タイムカードでも不正をしようと思えばできますし、最初に導入するには高額です。

普通にプリントアウトして、記入してもらう方式から始めて、必要になったらシステムを購入すれば大丈夫だと思います。

勤務表に限らずですが、最初からすべての機器を買いそろえる必要はありません。「形」から入るのは趣味だけにして、店舗は必要になってから備品の購入をするという習慣を付けてください。

【図表25　出勤簿・サンプル】

2021 年 2 月度出勤簿（ 2 ／1 〜 2 ／28 ）

氏　名：　OO　OO　　　㊞　所　属：本社

	曜日	始業時刻	終業時刻	労働時間		遅早欠勤	備　考	印
				所定内	時間外			
1日	月	11：00	17：00	6：00	：	有・無		
2日	火	：	：	：	：	有・無		
3日	水	11：00	17：00	6：00	：	有・無		
4日	木	：	：	：	：	有・無		
5日	金	：	：	：	：	有・無		
6日	土	：	：	：	：	有・無		
7日	日	：	：	：	：	有・無		
8日	月	11：00	17：00	6：00	：	有・無		
9日	火	：	：	：	：	有・無		
10日	水	：	：	：	：	有・無		
11日	木	：	：	：	：	有・無		
12日	金	11：00	17：00	6：00	：	有・無		
13日	土	：	：	：	：	有・無		
14日	日	：	：	：	：	有・無		
15日	月	11：00	17：00	6：00	：	有・無		
16日	火	：	：	：	：	有・無		
17日	水	11：00	17：00	6：00	：	有・無		
18日	木	：	：	：	：	有・無		
19日	金	：	：	：	：	有・無		
20日	土	：	：	：	：	有・無		
21日	日	：	：	：	：	有・無		
22日	月	11：00	17：00	6：00	：	有・無		
23日	火	：	：	：	：	有・無		
24日	水	11：00	17：00	6：00	：	有・無		
25日	木	：	：	：	：	有・無		
26日	金	：	：	：	：	有・無		
27日	土	：	：	：	：	有・無		
28日	日	：	：	：	：	有・無		
					：	有・無		
		：	：	：	：	有・無		
		：	：	：	：	有・無		
合計				：	：			

出勤日数	欠勤日数	遅早回数	遅早時間	有給取得日数	休日出勤日数	慶弔休暇日数	備　考
			：				

人事	所属長	本人

図表25は出勤簿の見本です。

これは、アルバイトの勤務表です。店舗では、なるべく作業を簡単にしたほうがよいですので、白紙の勤務表をコピーしておいて、店舗がすいている時間に、記入してもらえばよいと思います。

実はパソコン作業より、勤務表やシフト表は「手書き」のほうが時間が節約できる部分です。

3　お給料の計算ついて

店主と従業員が結ぶ最初の約束は、お給料の支払いである

まず、お給料日を決めましょう。私の会社は、月末締めの翌月10日払いにしています。

翌月25日払いの会社が多いですが、働いてからお給料をもらうまでの日数が長すぎると思います。締め日と給与の支払日が近いと、計算は大変なのですが、私は一刻も早くお支払いしたほうがよいと思っています。

私の会社ですと、月末に各店舗が勤務表をまとめて、次の月の5日までには、私の手元に届くようにしています。店舗に取りに行くのも、よいコミュニケーション方法ではあるのですが、早いほうがよいので、郵送してもらっています。月末の書類として、勤務表、店舗の通帳のコピー、小口現金表と領収書のセットを、大急ぎで送ってもらいます。

勤務表のチェックをして、給与計算をします。計算が終わったら、給与明細を2部プリントアウ

トして、１部はファイリング、１部は給料袋に入れて、店舗に戻します。

【図表26　給与支給明細書の例】

給与支給明細書		
株式会社　ストリーム		
	殿	令和３年00月00日支給

勤怠		支給		控除		単価	
出勤時間		基本給	213000	健康保険	12694	普通残業	
出勤日数	20			厚生年金保険	19610	深夜残業	
普通残業				厚生年金基金		休出単価	
深夜残業		危険手当	0	雇用保険	907	遅刻早退	
休日時間		外出交通費	0	社会保険合計	33211	欠勤単価	
遅刻早退		特別手当	2000	課税対象額			
		店長手当	0	所得税	5200	年末調整	0
		時間外手当		立替金		賞与所得調整	0
		勤怠控除		住民税	7500		
		通勤手当（非）	11930				
		通勤手当（課）					
		総支給額	226,930	控除合計	45911	差引支給額	181,019

給与明細をつくってみましょう

給与明細はインターネットで検索もできますが、ルールを知っていれば自分でつくれます。

図表26のサンプルをご覧ください。

このように、基本給からいろいろなものを引いて「手取り」と言われる、支給額が決定します。

支給額を決めた日にお振込みをするのはとても大切です。お仕事をしてもらったことに対して、発生するのがお給料です。

遅れたら信用をなくしますから、絶対にミスや支払い漏れのないように気を付けましょう。

一緒に働いてくれる皆は、お店の一番の財産です。皆に快適で不安のない日々を送ってもらうために、「最初の約束」である給与は、徹底した管理をしてください。

4　働くみんなに必要な保険について

保険はみんなの安心を運んできます。

事業主になったら、働くみんなの「保険」に入らなければなりません。

①健康保険
②厚生年金保険
③介護保険
④雇用保険
⑤労働保険

この保険は、アルバイト、パートタイム社員であれば、加入しないでよい場合もありますが、社員ですと、必ず加入しなければなりません。

社会保険・年金事務所、ハローワークに行きましょう

健康保険、厚生年金、介護保険は、近隣の社会保険・年金事務所で加入します。給与明細を持っていけば相談に乗ってくれますので、最初は勉強になるので話を伺いに行ったほうがよいです。

雇用保険はハローワークで加入します。このとき気を付けたいのが、最初に労働保険に加入して

【図表27　加入すべき保険の種類】

【保険の種類】		
	加入の義務	保証内容
健康保険	○*	病院にかかれる
厚生年金保険	○*	将来的に年金がもらえる
介護保険	○*	介護保険サービスが受けられる
雇用保険	○	失業保険がもらえる
労働保険	○	労働時の怪我などの支払いが免除される
＊は、アルバイト社員には適用しない場合があります。		
労働保険は、事業者が入るので従業員の金銭的負担はありません。		
労働保険以外の保険は、事業主負担分と、本人負担分があります。		

から、雇用保険の窓口に行かなければならないことです。労働保険は、事業者の全額負担で、1年分前払いをします。

雇用保険は、何かの事情で、会社を退社された場合に、一定期間「失業保険」をもらうことができ、「求職支援」を受けられるので、必ず加入しなければなりません。わかりやすく表にします（図表27）。

お店のある場所によっても、多少違ってくると思いますが、わからないことが出てきたら、近所の社会保険事務所や役所に聞けば教えてくれますので、従業員を雇ったらすぐに手続してください。

従業員から、いくら給与天引すればよいかも、各機関に「表」が用意してあります。インターネットで解決しない場合は、出向いて質問すれば親切に教えてくれますので、チャレンジしてください。

どうしても行政とお話するのが苦手な場合は、社会保険労務士をインターネットで探して、相談すれば解決できるはずです。

5　所得税・年末調整について

税金について

お給料を支払うときに、各種保険を天引して、それぞれの機関に支払うのは、事業主の仕事です。社会保険事務所、職業安定所、各都道府県（住民税）に、みんなから集めた保険や税金をお支払いします。

では、残業代がついたり、アルバイトのように、毎月収入が変わったりする従業員の所得税はどのように計算したらいいのか、説明します。

所得税について

所得税は、その名の通り、収入に対して課せられる税金です。

毎月、給与計算の際に、「源泉徴収税額表」を見て、いくら所得税がかかるか、調べます。

慣れると、そんなに難しくないのですが、役所の書類は、理解したくならない特徴があるので、ちょっと大変です。

給料16万円位の人までを貼りました（図表28）。こちらは国税庁のホームページからダウンロードできます。

月のお給料が8万8０００円未満の人は、所得税がかかりません。扶養の人数によっても、この表の見る場所が変わります。

例えば、毎月のお給料が、15万9０００円から16万1０００円の人は、扶養がいなければ、所得税は３３４０円。扶養１人なら１７２０円、２人なら１００円が所得税額になります（図表29)。

一番右にある「乙」というのは、他でもお給料をもらっている人が使う欄です。所得税が高くなって、１万２００円になるという意味になります。ダブルワークは、実は税率は高くなってしまうのです。ちょっと不思議な制度ですね。

この金額を毎月のお給料から天引して、会社で預かっておくことになります。

それから預かった所得税は、事業主がまとめて、税務署に支払いをします。

これも従業員の人数が増えると、計算が大変なので、税理士さんにお願いしたほうが間違いが防げると思います。

源泉徴収票について

そして、所得税に関するハイライトは、「源泉徴収票」の作成です。これは、従業員の皆さんの1月から12月までの、給料や、控除、税金などを記載した書類です。源泉徴収票がないと、確定申告ができないので、年の途中で退職された方の分も作成して、郵送してください。

難しい感じがしますが、一度「国税庁」のホームページでひな形をご覧になってください。

【図表28　給与所得の源泉徴収税額表（令和３年分）】

月　額　表（平成24年3月31日財務省告示第115号別表第一（平成31年3月29日財務省告示第97号改正））

その月の社会保険料等控除後の給与等の金額		甲								乙
		扶養親族等の数								
		0　人	1　人	2　人	3　人	4　人	5　人	6　人	7　人	
以　上	未　満	税							額	税　額
円	円	円	円	円	円	円	円	円	円	円
88,000	円未満	0	0	0	0	0	0	0	0	その月の社会保険料等控除後の給与等の金額の3.063%に相当する金額
88,000	89,000	130	0	0	0	0	0	0	0	3,200
89,000	90,000	180	0	0	0	0	0	0	0	3,200
90,000	91,000	230	0	0	0	0	0	0	0	3,200
91,000	92,000	290	0	0	0	0	0	0	0	3,200
92,000	93,000	340	0	0	0	0	0	0	0	3,300
93,000	94,000	390	0	0	0	0	0	0	0	3,300
94,000	95,000	440	0	0	0	0	0	0	0	3,300
95,000	96,000	490	0	0	0	0	0	0	0	3,400
96,000	97,000	540	0	0	0	0	0	0	0	3,400
151,000	153,000	3,050	1,430	0	0	0	0	0	0	9,000
153,000	155,000	3,120	1,500	0	0	0	0	0	0	9,300
155,000	157,000	3,200	1,570	0	0	0	0	0	0	9,600
157,000	159,000	3,270	1,640	0	0	0	0	0	0	9,900
159,000	161,000	3,340	1,720	100	0	0	0	0	0	10,200
161,000	163,000	3,410	1,790	170	0	0	0	0	0	10,500
163,000	165,000	3,480	1,860	250	0	0	0	0	0	10,800
165,000	167,000	3,550	1,930	320	0	0	0	0	0	11,100

令和２年分の税額

【図表29　源泉徴収税額表　抜粋】

給与等の金額		0 人	1 人	2 人	3 人	4 人	5 人	6 人	7 人	乙
159,000	161,000	3,340	1,720	100	0	0	0	0	0	10,200

もう、本当に「雇用」をして、キチンとした手続をすると、かなりの事務が発生してしまって、事業主は事務方の仕事に追われてしまいます。

この部分が頭に入って入れば、人に事務をお願いした際に、どの部分を税理士さんにお願いして、どの部分を自分でやるかの見極めができますので、お店が一段落したら、勉強してみるとよいと思います。

6 決算・確定申告について

計画的に取り組もう

法人にされた場合は、「決算」がやってきて、個人事業主の場合は「確定申告」をしなければなりません。

「お店」は小さい会社ですから、この作業を怠るわけにはいかないので、計画的に着手しましょう。

法人はつくるときに、決算月を決められますから、その決算月から2か月以内に決算処理をします。例えば、3月決算なら、5月末までに税務署に報告し、法人税等のすべての支払いをします。

個人事業主なら、12月に締めて、3月までに確定申告をします。

書いていて辛くなるのが、税金問題ですが、これは「義務」ですから、忘れないようにしましょう。

法人・個人事業主どちらがいいの？

ここで、よく質問を受ける「法人がいいのか、個人事業主がいいのか」について、私の見解も含めご説明します。

「ある程度儲かってきたら、会社（法人）にしたほうがよい」とよく言われますが、それは事業主、ご自身の気持ち次第だと思います。

法人にすると、顧問税理士をつけることになりますし、「決算」という個人事業主より複雑な事務作業を行わなければなりません。数字が苦手な方にとっては苦行です。苦手なことをすると、なかなか着手したくなくなるので、ギリギリになって切羽詰まることになります。

それならば、好きな仕事を思う存分して、経理は簡素化し、利益が出たら、思い切って税金をお支払いしたほうが、楽かも知れません。

税金の種類が違う

法人と個人事業主の払う「税金の種類」の違いは、個人事業主は、「所得税」、法人は「法人税」になるということです。

個人事業主は、１月１日から12月31日までの、売上から経費を引いて、扶養控除などの控除を引いて、残った「もうけ」に所得税がかかります。しかも、法人に比べて経費の幅が狭くなるため、利益が出やすいです。「もうけ」が増えると、税率も上がる仕組みになっています。所得税の他に、

【図表30　個人事業主の所得税率・法人税率】

【個人事業主の所得税】	
所得金額	税率
～195万円	5%
195万円～330万円	10%
330万円～695万円	20%
695万円～900万円	23%
900万円～1.800万円	33%
1.800万円～4.000万円	40%
4.000万円～	45%

【法人税】	
所得金額	税率
800万円以下	15%
800万円以上	24%

「住民税」「消費税」「個人事業税」もかかります。

法人の場合は、「法人税」を支払います。所得税ではありません。しかも法人のほうが、経費にできる項目が増えます。事業にかかる費用は、経費と認められるからです。

その他、「法人住民税」「法人事業税」「地方法人特別税」「消費税」「固定資産税」などがありますが、細かく説明すると、混乱すると思いますので、まずは、どっちが、どのくらいの税金になるのかを図表30でご覧ください。

同じ800万円に対する、税金は所得税と法人税だけ比べると、中小企業の法人税は15％、個人事業主の所得税は23％で、法人税のほうが節約できるということになります。

ちょっと大変な事務作業を努力して、将来性を考えて「会社（法人）」にしてもよいですし、個人事業主で事務の簡素化を計り、儲かったら所得税を払うでもよいです。

大きな企業を目指していないなら、本人の好きなほうにすればいいのではないかと、経験値からですが、思います。

【図表31　予算・サンプル】

00000店　予算						
売上	¥2,000,000	¥2,100,000	¥2,200,000	¥2,300,000	¥2,400,000	¥2,500,000
人件費	¥450,000	¥450,000	¥450,000	¥450,000	¥450,000	¥450,000
仕入れ	¥1,000,000	¥1,050,000	¥1,100,000	¥1,150,000	¥1,200,000	¥1,250,000
家賃	¥250,000	¥250,000	¥250,000	¥250,000	¥250,000	¥250,000
駐車場使用料	¥25,000	¥25,000	¥25,000	¥25,000	¥25,000	¥25,000
事務用品費	¥7,000	¥7,000	¥7,000	¥7,000	¥7,000	¥7,000
小口現金	¥28,000	¥28,000	¥28,000	¥28,000	¥28,000	¥28,000
クレジット実費	¥70,000	¥73,500	¥77,000	¥80,500	¥84,000	¥87,500
水道光熱費	¥100,000	¥100,000	¥100,000	¥100,000	¥100,000	¥100,000
原価償却	¥200,000	¥200,000	¥200,000	¥200,000	¥200,000	¥200,000
経費合計	¥2,130,000	¥2,183,500	¥2,237,000	¥2,290,500	¥2,344,000	¥2,397,500
利益	¥-130,000	¥-83,500	¥-37,000	¥9,500	¥56,000	¥102,500

7　予算について

いよいよ予算です

会社の予算もですが、まずはお店の予算を立てましょう。私のやり方としては、５万円刻みくらいで、どこまで行けば「黒字」に転換するかを見る表をつくっています。サンプルとして、図表31をご覧ください。

店舗は様々な経費が掛かります。予想した売上から、経費を引いて黒字になるのは、この店舗だと、２３０万円販売してからになります。売上予算を細かく予想すると、どの数字を目指せば続けていけるのかが見えてきます。

ただし、お金の苦労はこれだけではありません。特に見落としがちなのが「消費税」です。予算は、消費税込みでつくって大丈夫ですが、売上に応じた消費税を後から一括で支払いをすることになります。思いがけない大金が必要になりますので、資金には余裕を持たせてください。

【図表32　売上月報】

月報		2019年12月				
		売上	日割予算	累計予算	累計売上	予算比
/1	日		0	¥0	0	
/2	月	123,030	150,000	¥150,000	123,030	82.0%
/3	火	116,610	150,000	¥300,000	239,640	77.7%
/4	水	116,520	150,000	¥450,000	356,160	77.7%
/5	木	111,610	150,000	¥600,000	467,770	74.4%
/6	金	111,520	150,000	¥750,000	579,290	74.3%
/7	土		0	¥750,000	579,290	
/8	日		0	¥750,000	579,290	
/9	月	101,050	150,000	¥900,000	680,340	67.4%
/10	火	116,420	150,000	¥1,050,000	796,760	77.6%
/11	水	117,520	150,000	¥1,200,000	914,280	78.3%
/12	木	115,850	150,000	¥1,350,000	1,030,130	77.2%
/13	金	129,090	150,000	¥1,500,000	1,159,220	86.1%

1か月の予算を決めたら、日割り予算を考える

毎月の予算が決まったら、今度は、それを元に「日割り」にして、1日の目標となる予算を考えます。

図表32は売上月報の見本です。グレーになっている部分が、その日の目標の予算になります。このお店の場合は、1日：15万円が目標ですね。13日の時点で、目標に対して、約80％の達成率になります。後半、頑張らないといけなくなる売上になります。

観光地に店舗がある場合、土日の集客が見込めますので、日割り予算のボリュームを、土日に持ってくるとよいと思います。売上月報は、その月のお店の成績表のようなものです。今、どの段階にいるかわかりやすいので、毎日更新して、日々の売上と向き合うことをおすすめします。

売上月報の利用法

売上月報は、お店の「対策と傾向」を把握するのに、とても便利です。

【図表33　メニューの動き】

店内	数	金額	構成比
ランチA	10	75,000	0.3%
ランチB	141	141,000	6.1%
ランチC	149	149,000	6.4%
ランチD	405	417,150	18.0%
ランチE	101	104,030	4.5%
ランチF	68	85,680	3.7%

開店して６か月くらいの月報を見比べると、どの曜日が売れて、どの曜日が弱いかがわかります。

そこで、定休日の設定をしたり、シフトで出勤の人数を調整したりと、工夫ができるようになります。

慣れてきたら、日々のメニューの動きも記入するとよいと思います（図表33)。

例えば、ランチの構成比を切り取ってみると、「ランチＤ」が一番人気とわかります。

せっかくのヒントなので、次の月から売れ筋順にランチメニューを改定して、お客様の迷う時間を減らす工夫をします。

このように数字で見ると、必要のないメニューが見えてきたり、新メニューの必要性を感じたりと目標が明確になります。

慣れないと、「数字」でものを計る作業は苦しいですが、肌感覚ではなく、確実な改善案を提供してくれるのが「データ分析」と理解するのに時間はかからないと思います。

経理を乗り越える方法

経理は、お店を維持するのにとても大切な部分なのですが、苦手な人には、とても苦痛に感じます。

そこで、私が実践している簡単な方法をご紹介します。

①ファイルの種類を少なくする。

難しいファイリングは、気持ちが向かなくなる原因なので、6種類くらいにまとめる。

例）通帳、請求書、売上月報、小口現金、カード支払い、勤務表くらいの簡単な分類にしてまとめる。

②支払いを、月2回と決めてしまう。

例）10日に給料、税金、仕入の振込みをする。25日に家賃、その他必要な経費の支払いをする。

決めてしまったほうが、支払い忘れがなくなります。

③お店からの報告書は、月末にまとめる。

例）勤務表、小口現金出納帳、お店の通帳のコピーは、必ず、月初にもらう。

お店のルールにしてしまうと楽になります。

④毎月5日には、給与明細をつくる。

例）勤務表を受け取ったら、すぐに給与明細をつくる。給与明細は、勤務表と同じファイルに綴る。

その後、インターネットバンキングで、10日支払いの予約をする。

このように自分の中で整理しやすい簡単な方法を考えて、お金と向き合う時間を減らすとよいと思います。

第5章　小さな組織だからできた自由な働き方

1　すべてのシニアに定年はない

定年のない仕組みづくり

私の会社は、かなり前から定年がありません。就業規則には定年の設定がありますが、辞めたいと言われない限り、ずっと働ける仕組みになっています。人の能力は、年齢では計れないと考えていますし、能力が高い人を年齢で区切って、退職してもらうのはもったいないと思っています。

お店のよいところは、毎日が規則正しくて、少々身体を動かして、難しい資格がいらなくて、おしゃべりをする「場」があることです。

事務職と違って、お店にはお客様が来店されます。お客様は、少人数のスタッフしかいない店舗で、とてもよい「潤滑油」となってくれます。

小さいお店は、小さい空間の中で同じメンバーで仕事をしなければなりません。

それは、時々ストレスになります。どんなによい人との組み合わせでも「仕事場」には、意見を交換し合う瞬間があり、先輩後輩が存在したり、いろいろなパワーのぶつかり合いが生まれます。

お客様が助けてくれる環境

そんなとき真っさらな気持ちのお客様がいらっしゃることで、雰囲気が穏やかになります。

私たちは、サービスをして、精一杯頑張ると「ありがとう」というご褒美のような言葉をかけてもらえます。

これが、会社の中でも事務職だと、毎日同じメンバーと時間を共有することになります。場合によっては、「逃げ場」がなくなることがあります。

お店は、その点第三者である「お客様」が見える場所です。

顧客がつくと、仕事に「やりがい」が生まれる

これが、シニアのスタッフも楽しく働ける秘訣だと思います。親切で優しいシニアスタッフには、顧客がつきます。人生の経験値が高い分、受け止める力があります。

お店の仕事は、健康的なので働くことによって、元気を保つことができます。

毎日の通勤も、お店の仕事も程よい運動になるのが、よい効果を生んでいると思います。

また、仕事に関する責任感は、若いスタッフより強いのも特徴だと思います。遅刻や欠勤もありませんし、仕事に真面目に向き合ってくれるのは、生きてきた時代が成長期であるのも原因かと思います。

お互いの経験値やできることを尊重し合う

私の会社は、シニアだから「できないことがある」という考え方はありません。シニアだから知っ

ていることがあることをスタッフ全員が認識して、教えてもらえるものは共有しているからです。

また、若いスタッフが助けられることは、快く引き受ける社風を確立できたのは、いろいろな世代が支え合っている職場環境のおかげです。

そのためシニアに定年退職の制度が必要なくなり、いつまでも活躍できる人が増えてきました。

職種にもよるかもしれませんが、「お店」なら、働き者の社員を引退させる必要がありません。よいことばかりなので、ぜひ取り入れてみてください。

2　リストラの必要がない

ずっと元気に働いてほしいので

弊社ではリストラを行っていません。

働きたいと言ってくださる方には、いつまでも仕事をしてもらっています。

会社の都合で、リストラをしてしまうのは、とてももったいないことで、一時期の業績の悪さに影響されて、働く意欲のある社員を手放すのは、おすすめしません。

私の会社では、本人が望む働き方をできるだけ叶えたいと、みんなで考える時間を取るようにしています。勤務時間を短くしたり、お休みの仕方の希望を聞いたり、人数が少ないので、大企業のようなフル装備の福利厚生はできませんが、少人数だからこそできるスピード感はあると思います。

できることは、人それぞれと確認し合う

また、働くみんなに、妙な緊張感が生まれません。それぞれのできることを精一杯やるのが、チームで働く醍醐味だと考え、仲良く楽しく仕事をすることを目指しています。

定年がないのと同様、自分の仕事の「引き際」や「辞め時」は自分自身で決めてよいと思っています。

「短時間勤務」「在宅勤務」「フレックスタイム」などの制度は、積極的に取り入れることができる小さな会社に向いている制度です。店舗はシフトによって勤務の調整が可能ですし、事務方は在宅勤務ができるようにしています。

ちょっと変わった在宅勤務制度

在宅勤務も、特徴があって「１か月の間にやらなければならないこと」をできる時間に行うという方法にしています。勤務時間を決めてしまうと、お子さんのいるスタッフが、時間がうまく使えません。お子さんが寝静まった「夜」の時間や、ご家族に預けられる「土日」に集中してパソコンに向かってもらっています。

この勤務体系は、姪のために思いついた方法でした。赤ちゃんがいて、保育園に入れなかったとき、仕事ができなくて、収入がなくて、困っていました。何か手伝ってもらえないかと考えた末、最初は赤ちゃんをおんぶして、会社に来てもらい、私が経理を教えました。

経理はできるといつか役に立つ日がやってくるからと指導して、ある程度できるようになったら、パソコンを支給して、在宅で仕事ができるようにしました。不明点はラインで確認して、解決しています。

続けられる方法を模索し続ける

「辞めてもらう」という選択肢は考えませんでした。何とかして続けてもらいたいと思ったら、新しい「働き方」が自然と生まれたのです。

でも、この赤ちゃん付き出社は、今も懐かしく楽しかったなと思い出します。こういう会社増えたら、よいのではないかなと思います。

3　いつも協力できる

結果的に自由な働き方を手に入れることができる「協力」の技

私たちの特徴として、「協力体制」が万全であるというところがあります。

家族社員が多いというのが大きな理由かもしれませんが、困ったときに助け合います。

誰かが体調が悪くなったら本気で心配をし、シフトを変わってあげます。もちろん見返りを考えることはありません。

そういう体制だからか、家族以外の社員のみんなも似てきます。

「誰かが得して、誰かが損する」という考え方はなく、普通の会社では存在するような「やきもち」がありません。

全員が、元気に楽しく働けるような努力をします。

力仕事は、若手が率先してやる

シニア雇用に力を入れているので、ちょっとしたアクシデントが度々起こります。

若手社員より、病気や怪我が増えます。そのときにみんなで助けるのです。

逆も起こります。若手社員が病気になって入院してしまったときも、シニアのみんながシフトを変わってあげて乗り切りました。社員を自分の子どものように可愛がりますし、心配します。

パソコン仕事は若手が行います。その代わりに、シニアのみんなは買い出しに行ったり、お店の備品を手づくりしたり、自分の持ち味を出して、仕事します。

これはなかなか効率的で、年代や性別が混在するチームは、仕事の内容が偏りません。誰かが何かをできるというとても効率的な状態で仕事が進みます。

例えば、お礼状などは、字が上手なシニアのほうが圧倒的に上手です。スマートフォンを使った作業は、もちろん若手のほうが早いです。

幅広い世代が一緒に働くと、スタッフ全員を適材適所に配置することができます。

【図表34　母からの伝言用メモ】

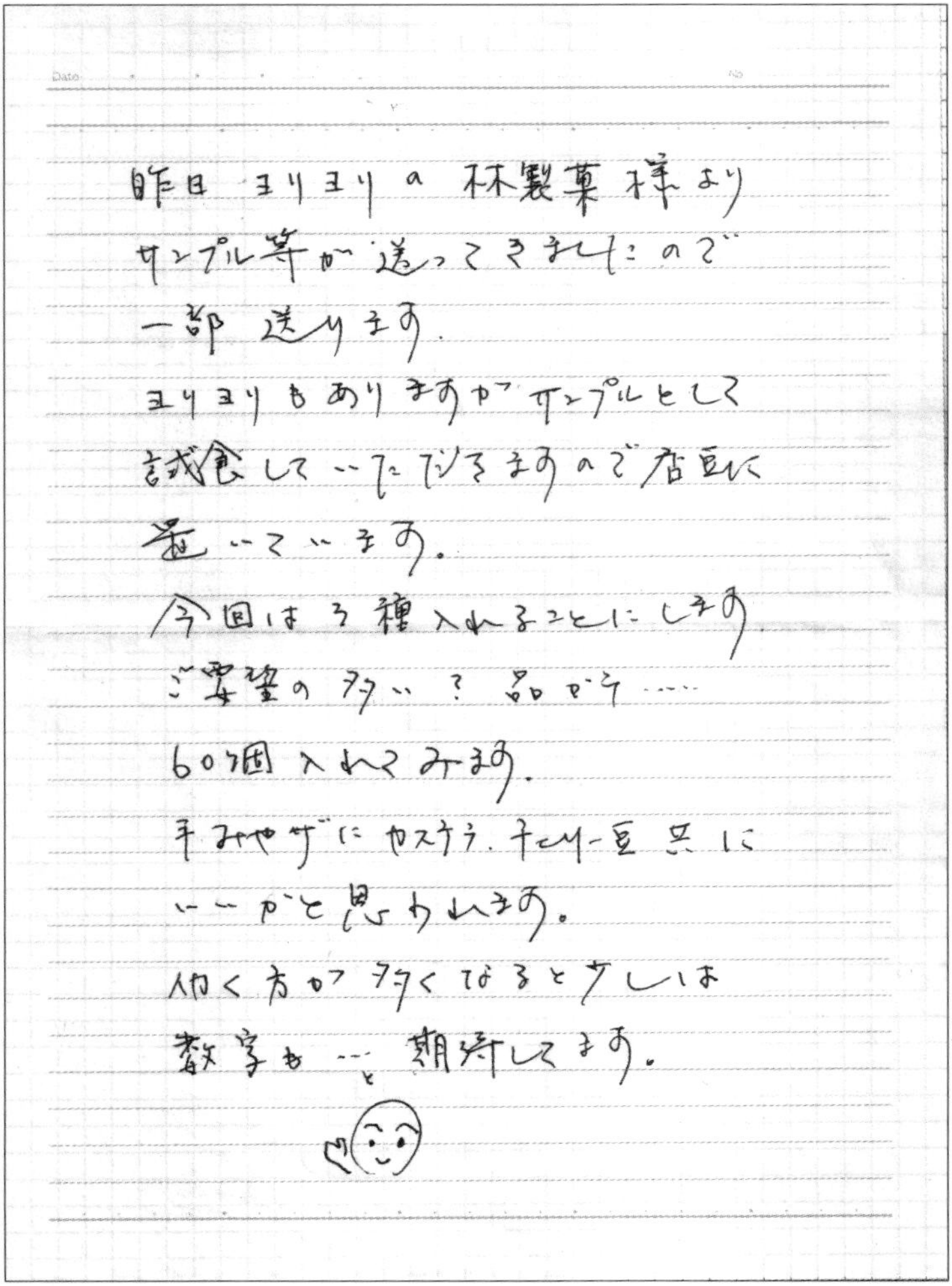
昨日 ヨリヨリの林製菓様より
サンプル等が送ってきましたので
一部送ります。
ヨリヨリもありますがサンプルとして
試食していただけますので店頭に
置いています。
今回は3種入れることにします。
ご要望の多い？品から……
60個入れてみます。
手みやげにカステラ、チェリー豆共に
いいかと思われます。
行く方が多くなると少しは
数字も…と期待してます。

いろいろな人がいることの利点

働く人も、お店に来てくれる人も、いろんな年代がいて、男性も女性もいて、上手くバランスが取れていると思います。

お客様側に与える印象としても、「若い人のお店だから入りにくい」というのが、カレーライス屋ですが感じにくいようです。

小さな店舗に、いろんな世代が一緒に働いているのは、お互いを理解し合えるよい「働き方」だと思います。いつの間にか、協力し合えるのは、「定年」、「リストラ」のない穏やかな職場環境と家族経営が生んだ産物だと思っています。

4　ずっと一緒にいれる「幸せ」

長く働ける秘訣

仕事はよいこともそうでないことも運んできます。でも、職場の人間関係がよいと、辞めたくなりません。

ツライことがあったとしても、誰かが励ましますし、誰かが助けてくれます。

私は、常に「ずっと今のままだったらよいな～」と思いながら仕事をしています。

母、叔母、姪がいて、その他のみんなも、気持ちのよい人たちで、お客様も心優しい人が多くて、笑ってばかりいれる「お店」というコミュニティーがあるからです。

家族社員が多いから、できる部分もありますが、私（社長）が苦しんでいると、「お店」の心配事が減るように努力をしてくれます。「お店は、ちゃんとやっておくから、気にしないで頑張って」とよく言われます。

その代わりに、私もみんなが、なるべく快適に働けるような環境を提供しようと努力をします。

休憩室をつくる

店舗は、それなりに重労働です。ちょっとした休憩が取れるように、各店舗の中に小さいですが、休憩室を設けました。

銀座店も大手町フィナンシャルシティ店も、とってもお家賃の高い場所なので、普通だったら、休憩室より客席を増やすところなのですが、外に出て、カフェに入って休憩するのは、移動も時間もかかるし、お金もかかります。それならば、狭くても従業員が座れる場所をつくろうと、お店づくりのときに設計士の方にお願いしました。

仕事に支障が出なければ、中抜けしても大丈夫

その他、勤務時間に自分の用事をできるように工夫をしました。例えば、勤務時間中に病院に行っても、仕事に支障が出なければ大丈夫だったり、お店が混んでいない日は、早く帰れる人がいても

よい決まりをつくったり、みんなが休日は、休日を満喫できるような簡単な「ルール」をつくりました。

つくったと言っても、相手が必要そうだったら、その場で快諾するだけなのですが、これも小さい組織だから、容易に導入できていると思います。

同じメンバーで、長く働くには、ストレスのない環境が必要になります。

小さな問題で、戦い合わないようにするのが大切だとも感じます。

ただ、そういう気持ちにさせてくれるのは、スタッフみんなの力と「お店」という普遍的な仕事の存在があるからです。

「ずっと一緒にいられて『幸せ』」な組織って、本当によいものだな」と店舗運営をしていると、心から思います。

5　売上に左右されないチームワーク

売上がよくない日の乗り越え方

売上がよくないと、普通のオーナーは、「お店」に対して厳しい要求をするものです。それは経営者としては当たり前のことではあるのですが、これも私の会社では少し違っています。

「予算」が思うように達成できないときの、独特の乗り越え方があります。

店舗はお客様が沢山見えない日は、張り合いがなく、雰囲気も沈みがちになります。人って、ヒマになると、生きるのが辛くなるのと少し似ています。

赤字になりそうな場合、多くの会社や店舗で、取り入れられるのは、「資金調達」と「経費削減」です。

資金調達は、小さい会社やお店なら、社長と店長などリーダーの仕事です。経費削減も同様ですが、お店のみんなに協力してもらって、なるべく経費を遣わないように努力をしてもらいます。

無駄遣いしないように心がけることのみ

店舗での経費削減とは、「無駄遣い」をしないことになります。具体的には、今まで1日、3枚使っていたゴミ袋を、むぎゅっと詰めて1袋で済むようにする。両替の費用を抑えるために、商品代金をキリのよい数字にしてお釣り銭を減らす。在庫チェックを細かい項目に分け、ロスを減らす。電気を小まめに消して、電気代を抑えるなど、小さな努力をしてもらいます。

ここで他の会社と違うのは、「人件費」の削減を極力しないことです。

リストラしないことと同様ですが、今、一時の売上に振り回されていては、長期的な思考を養えません。

通常、店舗で最初に行われる人件費の削減は、アルバイトスタッフの時間を減らすことになります。自由な働き方を選んでいるアルバイトという職種は、不況になるととても弱い立場になります。

これでは、せっかく長くいてくれるアルバイトスタッフが離れてしまいます。それでは、「いつもの人がいてくれるお店」ではなくなってしまいます。長い目でみると、損失です。

社員も同様です。ボーナスが全部カットでは、やる気がなくなってしまいます。

売れないときこそ、出店する無謀な方法

そこで考えたのは、売上が悪くなると「次の作戦を練る」という作業をすることです。

私は辛いとき、「もう1店舗出店する」、「違う業種にチャレンジしてみる」、「自分の力で稼ぐ」など、現状のお店を維持しながら「外で稼ぐ」方法を模索します。

「今のお店が売れないときこそ、新規出店」という手法は、いろいろな方にびっくりされます。普通は今あるお店を工夫して、乗り越えるか、「閉店」するかの選択で「新規」はないのではないかとのご意見もよくいただきます。

でも、売上は、そのときの環境や外的要因でも左右されるものです。だったら、またよい日もやってくるのだから、新しいことにチャレンジし続けることは、重要だと思います。

「儲かる」はいつかやってくるし、お商売は「よかったり悪かったり」の繰り返しですから、いつもチャレンジをする気持ちは持ち続けたほうがよいです。

お店が、（その他のどんな仕事でも）最初から上手くいくことはそんなにないと思います。リスクを回避することばかり考えなくて大丈夫です。いつか巡り巡ってきます。

強いチーム力があれば、一喜一憂しなくなる

会社は赤字でも「お金」があれば倒産しません。売上が減少しても、また取り返せばいいです。私たちは小さいチームなので、私の考えや努力について、みんなが理解してくれていると思っています。

「お店は、大丈夫だから頑張って」とリーダーである私の活動を見守ってくれます。その分、私も一緒に働いてくれている皆の未来が不安にならないように頑張ります。

弊店は売上の減少によって、皆のやる気がアップダウンしたり、将来が不安になったりすることは少ない組織です。それはお互いを尊重しあう習慣がある、似たようなメンバーで構成されているからだと思います。

お店は、売上が大事です。

でも、もっと大事なことは、売上に振り回されない強いチームをつくることです。

6　お休みは、「お先にどうぞ」

思いやりのある勤務体系

お店は年中無休の場合、なかなか「お休み」が取れません。

特に連休でお休みするのは、少人数の店舗の場合、誰かが諦めることになってしまいます。

今、私は、とても恵まれていて、各店舗の店長が、お休みに対して、献身的であるという有難い状況で仕事をしています。シフトは、まず先に後輩たちの要望を聞いてからつくってくれています。アルバイトの方の都合が一番で、次がスタッフ、最後に店長のお休みが決まります。最後になるということは、自由に取れないのに、不満を持たず、自分のチームを大事に思ってくれています。

人は、「まず自分のこと」から考えて当然なのに、常に「お先にどうぞ」という気持ちで運営してくれていて、とても嬉しいです。優しい人の集まりである証拠だからです。

この店長たちが、お店を引っ張っています。だからこそ、お客様が楽しんで来店される店舗になっているのだと思います。

7　何でも相談できる

仲良くすることで解決できることがある

店舗のみんなに負担にならない程度に、ミーティングをしています。２か月に1度くらいの頻度で、みんなで食事に行くこともありますし、情報交換もします。

お互いの店舗での成功例などの紹介もします。

私の会社はシニアから若手まで、少ない人数ですが幅広い人員構成になっているので、困っていることは、誰かが解決できる場合が多いです。

ゲームが得意な人はパソコンやスマートフォンに強くて、その部分はその子が担当することにいつの間にかなります。

シニアチームは、包装が上手。若い女性スタッフはＳＮＳが上手。銀座店の店長は料理が上手。それぞれに持ち味があります。

グループチャットの活用

一緒に働くみんなと、ほとんど毎日、グループチャットをします。

日々の売上報告も、グループチャットに書き込むので、全員がその日のお店の動きを知ることになります。

どちらかの店舗が売上がよいと、他の店舗が「頑張ったね。よかったね」と書き込みます。

かわいい、仲のよいグループです。

そのため勤務中にスマートフォンを見るのは、大丈夫にしてあります。

お客様に見えないようにでしたら、ポケットにスマートフォンをしまっておくのは、問題ありません。

みんなの「困り事」を素早く解決したほうが、店舗運営がスムースになるので、便利な機能は利用してしまってよいと思います。

小さな問題で停滞しないために、まず相談

何でも相談できる環境は、工夫次第で可能になります。スマートフォンのおかげで、いくつかのグループをつくって、みんなで何でも相談することにしています。

グループ分けとしては、次のとおりです。

①店長

②デリバリー、通販担当

③店舗の全員

④長崎・蜂の家のレストランと工場と東京のメンバー

店長グループでは、お店の決まり事を、メインにチャットします。

デリバリー、通販担当は、その日の業務の進捗状況と、売上管理についてをチャットします。

店舗の全員（アルバイトのスタッフも含む）では、その日の売上、メディア情報、取材の準備、その他、全員で共有したほうがよい事項をチャットします。

特にその日の売上を全員に公開しているのは、ちょっとした競争心が生まれて、いい刺激をみんなで分かち合えます。

長崎と繋がっているグループについては、在庫や商品に関しての質問等が多くなります。

「福神漬けが足りなくなっちゃった」と全員のグループチャットに書くと、「ありますよ〜。持って行きましょうか」と答える、なごやかな店舗運営は、弊社の強みだと思います。

長崎の皆さんと繋がれる楽しさ

東京と、長崎・佐世保のレストランの皆さんと、工場の皆さんとチャットにて、常につながっているのは、とても心強くて楽しいです。

今、佐世保のレストラン「蜂の家」の店長をしている次男さんと、お嬢さん、工場を一手に引き受けている長男さん。それから、工場で事務方のすべてを引き受けてくれている社員さん。

加えて、私と、佐世保の蜂の家の社長も入ったグループは、私たちが長く、同じメンバーで仕事をしているので、継続的に交流することができています。

いつの間にか事業継承

15年前、私が、東京に蜂の家をオープンさせたとき、まだお子さんだった佐世保の「蜂の家」の3代目チームは、大人になって、私たちのことを気にかけてくれます。

これはずっと同じメンバーで、仕事をする「家族経営」のよさだと思います。生まれたときから、蜂の家が側にあるので、蜂の家のために頑張ります。みんな、「会社の役に立とう」と行動しています。

私の姪たちも、幼い頃からお店があることが当たり前で、お手伝いから始まったところに由来します。ここからは、もしかしたら世代交代して、メインの仕事を、20代、30代のみんなが引き継ぐのかな？　と楽しみになるのも、遠く離れていても、同じグループチャットで気軽に情報交換ができているおかげです。

第6章　「大手町のカレーライス屋さん」

～東京・大手町でカレー姉妹と呼ばれる

1　大手町と「三菱地所」

大手町フィナンシャルシティについて

「蜂の家　大手町フィナンシャルシティ店」は、東京の大手町1丁目にあります。２０１２年10月に、大手町都市再生プロジェクトの一環として竣工された新しいビルの地下に位置します。

都市再生上の貢献として、ビルの中には、「聖路加国際病院の分院」、「東京金融ビレッジ」、「エコミュージアム」があります。総合病院が英語で診察してもらえて、高度金融人を育成する場があって、街の緑化に力を入れた都市開発です。

このビルに出店することができたのは、三菱地所の岸本さん、丸岡さんのお力があったからこそです。

頼りになる方々に選んでもらった「大手町」

丸岡さんは、私がファッションブランドで仕事をしていたときに、丸の内の仲通りの開発をされていた営業の方でした。いつも親切で、バランス感覚があって、当時まだ「ひよっこ」だった私を、引っ張ってくれた恩人です。

【図表35　大手町】

【図表36　丸岡さん、岸本さんと工場視察】

あるとき思い立って、「オフィスビルの中に小さいお店、持ちたいのだけど……」と丸岡さんに電話しました。そうしたら、すぐに「土日お休みできるビルがよいよね」と厳選して、「大手町フィナンシャルシティ」を提案してくれました。

そのとき紹介していただいたのが、岸本さんです。穏やかで、親切で物腰柔らかい方でした。丸岡さんが「岸本さんだから、蜂の家、預けられるから」と言ってくれたのもよくわかる信頼できる方でした。

岸本さんに導かれて、地下1階の11坪のお店を持たせてもらいました。

たしか竣工まで、まだ2〜3年近く時間があったのではないかと思います。それまで1年先くらいまでしか、想定せずに仕事をしてきたので、初めての「見えない的」に向かって矢を打つ作業になりました。

「街づくり」という壮大な計画があって、テーマがあって、本当に大きなビルができる様子を見れて、「大手町」ってすごいなと思いました。

三菱地所のものすごさ

そして、「三菱地所」が凄い会社です。岸本さんと丸岡さんは、お2人とも紳士的で、優しくて楽しい人で、とても気持ちの晴れやかになる仕事をさせてくれます。

これが日本を代表する企業なんだと実感させられたのは、「よい人」が在籍していることです。よい人は、よいことしかしないです。また会いたくなるし、一緒に仕事したいし、ちょっとした苦労を乗り越えられます。

「人」が集いたくなるような「街」をつくって、そこで働く人がいて、レストランがあって、ホテルがあって経済が回る。けど、人間らしく、かっこいい、憧れの場所になる。

「蜂の家　大手町フィナンシャルシティ店」は、2012年11月1日に開店しました。

岸本さんは、毎月1回「ごく辛カレー」を食べに来てくれて、母に「お母さん、お疲れ様です！」と声をかけてくれます。

「大手町」で働けて、幸せと思う瞬間です。

2　恵子さんと加奈子さん

大手町フィナンシャルシティ店、メンバー紹介

私の母が「恵子さん」、叔母が「加奈子さん」です。2人は7つ歳の離れた姉妹です。

【図表37　母の恵子さん】

恵子さんは、しっかりものできれい好き。加奈子さんは、朗らかで優しいです。

その他、私の会社のいろいろな仕事を、親族が行っています。もちろん親族でない従業員もいますが、何となく、「家族経営」な雰囲気が、どの現場でも出てしまうのは、「恵子さん」の存在感が、ものすごいことになっているからです。

母のこと

恵子さんは、満州国チチハル市の生まれです。昔、祖母に聞いた話だと、満州から帰ってくる「引き揚げ船」の中で、死んでしまいそうな弱い赤ちゃんで、「海に捨てたほうがいい」と言われたらしいです。それを祖母が隠し持っていたお砂糖を飲ませて、連れて帰ってきたと聞いています。帰国したときに着いたのが、長崎県・佐世保市になります。

満州で生まれた人が大手町で働いているので、昭和って波乱万丈な時代だったんだなと思います。

恵子さんは強いです。お店に対する意識も強いし、売上管理

【図表38　叔母の加奈子さん】

に余念がないです。

お掃除が上手なのも、キッチンが美しく保てて助かります。

しかも、ちゃんと三菱地所プロパティマネジメント主催の店長会議にも出てくれます。

店長会議で、最年長なことを気にしてはいますが、私は立派にやっていると思っています。店長会議で、近隣の店長さんとも交流をするし、現場の情報収集もするし、若くてもやる気のない人と比較したら、遥かに上にいると思います。

叔母のこと

加奈子さんは、新卒のときは資生堂で美容部員をしていました。美人で性格が可愛いから、お客様に人気があります。加奈子さんがいない日に、姿が見えないと、帰ってしまうお客様がいるくらいです。

私にとっては、叔母ですが「大手町のお母さん」になってしまいました。たくさんのお客様が、加奈子さんにお土産を買ってきてくれます。

今、キッチンで姪も働いていますが、「このお店は、お客様がお土産持ってきて、食べて、お土産買って帰るすごいお店」とよく言っています。

恵子さんがキッチン。加奈子さんがホールを担当しています。

これは私が狙った配属ではないのですが、バランスのよい組み合わせになっています。

おそらく丸の内、大手町界隈では、スタッフの平均年齢が最年長のお店です。

「お母さん」のいるお店

都心のビルの中で、こんな「家庭的」なお店はないので、「蜂の家」だけが、違う世界観を保ち続けています。「お店」は、そこで働く人が、つくり上げるものなので、２人が「大手町」でよかったなと思います。銀座だと「家庭的」なお店は、他にもあるかも知れません。大手町だから、喜ばれるメンバーなのではないかなと思います。

「大手町フィナンシャルシティの過ごし方」というパンフレットに、Ｆａｍｉｌｙ「大手町名物カレー姉妹のいるお店」とご紹介いただき、町中に「家族経営」とバレてしまいました。

就業者の方から「ランチに週に1度は食べたくなるおいしさです。おすすめは野菜ルーと温野菜たっぷりカレー。本当に温野菜がたっぷり入っています。店長のお母さんがとてもチャーミングで癒されます」とコメントをもらって皆で喜んでいます。

「蜂の家　大手町フィナンシャルシティ店」は、平日11時〜21時の営業となっております。ぜひカレー姉妹に会いに大手町にいらしてください。ご来店お待ちしています。

3　昭和感あふれる「手書きの「ＰＯＰ」」の魅力

今時ではないところがよいところ

加奈子さんの得意技は、手書きのＰＯＰです。これは資生堂で美容部員をしていた頃に、習得したそうで、何でも手で書きます。

新商品、メニューやご案内は、画用紙にマジックで、もはや上手なのか下手なのかわからない状態で、熱心に書いてくれています。でも、他で見たことがないからか、大手町のお客様には、好評をいただいていて、目に留めてもらえます。

「昭和ですね」と若い方には喜んでもらっていますが、事情があります。

パソコン、プリンターを使えないのです。一番早い方法が手書きだったので、採用したところ、最新鋭の大手町の皆さんには「懐かしい」と言われ、ちょっとシニアのお客様には、「見やすい」と言われ、驚きの広告宣伝効果がもたらされました。

できることをちょっとずつ

私のお店は、できることを精一杯、その人の力量の分だけやります。

【図表39　手書きPOP】

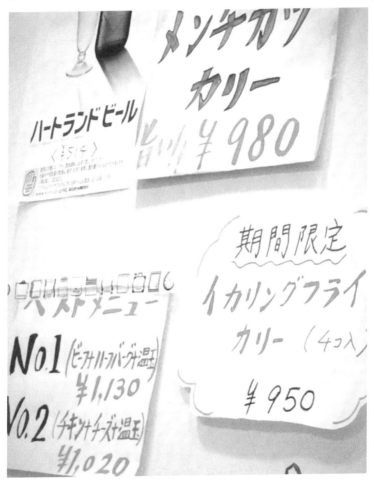

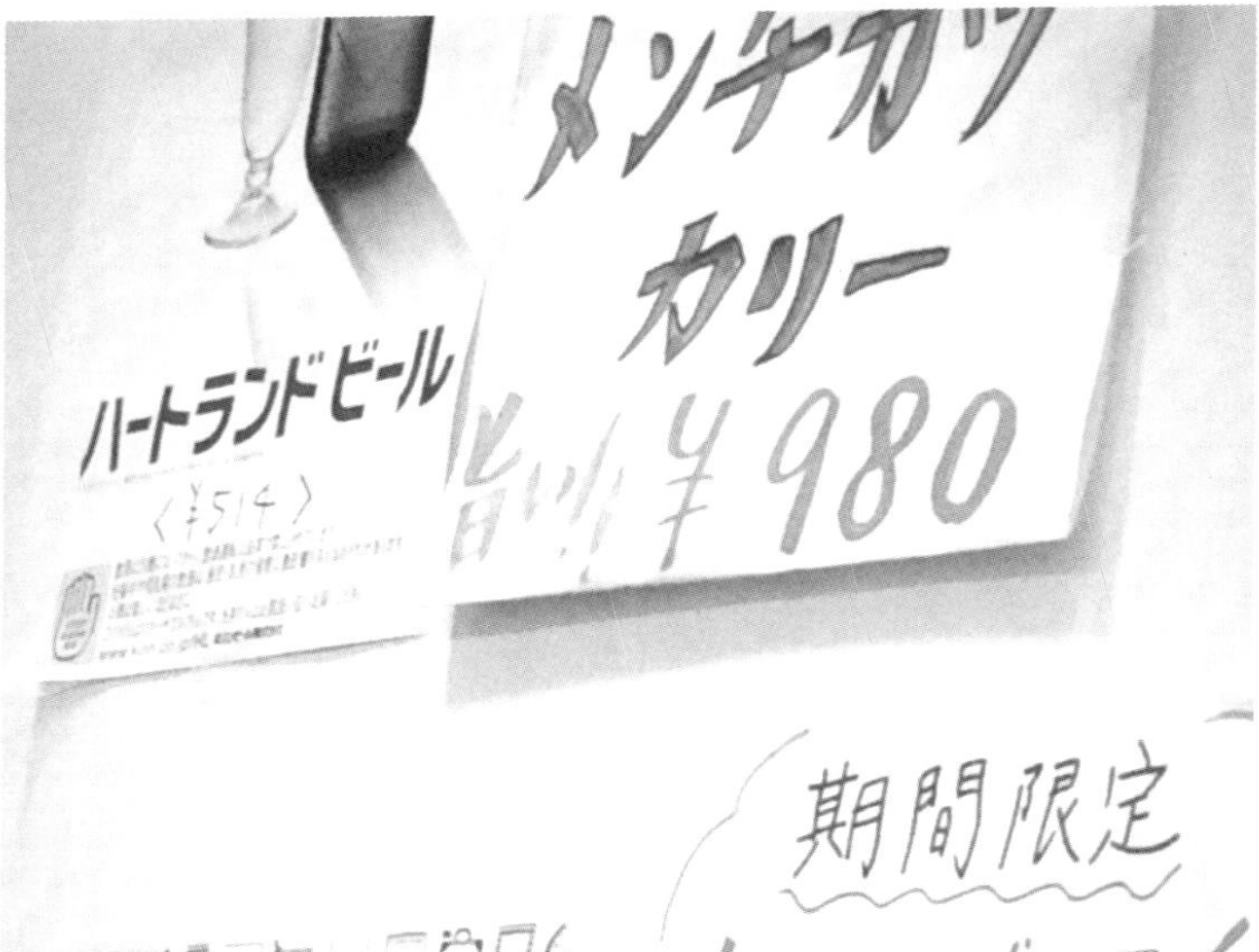
メンチカツ
カリー
¥980
ハートランドビール
<¥514>
期間限定
イカリングフライ
カリー（4コ入）
¥950
No.1（ビーフ+ハンバーグ+温玉）
¥1,130
No.2（チキン+チーズ+温玉）
¥1,020

時代の生み出した「機械」について行けなくても、恥ずかしいことはどこにもないです。

パソコン難しかったら、手書きでいいです。メール難しかったら、ＦＡＸがあります。

すべての世代の強みを活かせば、結果はそれぞれの世代に響くサービスができます。

私たちのお店は、今もインターネットやパソコンに頼らずできるところがよいところです。昭和に戻っても運営できる店舗です。

4　お客様にもらう喜び

「こんなことってあるのね」という出来事

「すみません。僕、以前に大手町で働いていたのですが、覚えてますか？」とお電話をいただくことがあります。大手町のサラリーマンの皆さんは転勤が多いので、出会って仲良くなっても遠くへ行ってしまうことがよくあります。寂しいけれど、仕方のないことです。

「あのお客様、転勤しちゃったね〜」と話していると、お電話をいただいて、お土産やお弁当の注文が入ります。転勤しても覚えてくれていて、近くに来たら寄ってくれ、わざわざのご来店もあります。

ご常連さんは、心温まる出来事を運んできます。私たちのことを忘れずに気にかけてくれることが、お店をドラマチックにします。

【図表40　大手町のお客様】

心配してもらったり、感謝してもらったり

13時頃にお店が空いていると、紳士が「どうして空いているの？　ちょっと待って、部下呼ぶから」と会社に電話をして、大勢連れて来てくれたことがありました。あっという間にその日の予算が達成されます。

毎週、決まった日に寄ってくださって、1人で1万円遣ってくれる方もいます。カレーライス屋で、1万円遣うのは、結構大変なのに、思いやってもらっています。

また別のお客様がアボカドカレーを注文したところ、お店のお母さんが「今日のアボカドを全部開けてみたら、痛んでいたから、ごめんなさい。お品切れで……」と言われて温野菜カレーに変更したとき、オマケで何とかよいところを切り取ったアボカドが乗っていたそうです。

「感動！」と会社のメールにそのことを嬉しそうに教えてくれました。私が見ていないところでも、母と叔母は常にお客様に寄り添って仕事をしています。それが嬉しいのは、私もお客様も同じです。

5　おせっかいでコミカル

私たちの「おもてなし」

長崎という地方がそうなのか、我が家の家系がそうなのか、とにかく「おせっかい」で笑ってもらえるように頑張ってしまうところがあります。

うちの家族は、いつも「面白いこと」を探して暮らしているし、それをお店に持ち込もうと努力します。

お客様は、毎日忙しくて、くたびれているのは、私たちが一番わかっています。大したことはできないのですが、カレーライス屋に来てくださったときくらいは、ちょっと「楽」してほしくて、日常のことを話したり、いたわったりします。

本人たちが「好きか嫌いかが分かれる」と自覚している手厚い接客

「私たちおせっかいなのよね〜。これが好きか、嫌いかに分かれると思う！」という2人の会話をご紹介します。

①毎日「ビーフカレー大盛り」のお客様

お客様　「転勤になっちゃって、大手町から東京駅に勤務地が変わったんですよ」

加奈子さん　「あら、それなのに、わざわざありがとうございます。ビーフカレー大盛りですね」
お客様　「毎日、会社からここまで片道15分歩いてきているんです。30分歩いて、ビーフカレー食べてます」
加奈子さん　「それはそれは、ありがとうございます」
お客様　「妻に、『毎日ランチでカレー食べているから、家でカレーいらないよね』と言われていますよ〜」
　恵子さん、加奈子さんは「すごいね！　毎日歩いてきてくれるお客様」とはしゃいでいます。

②「今、佐世保にいます」とお電話をくれるお客様

お客様　「僕、今、佐世保にいるんですけど、佐世保の蜂の家は、駅からどのくらいの距離ですか？」
加奈子さん　「駅からだと、歩いて15分くらいですよ！」
お客様　「そうですか。彼女と旅行に来たので、行ってみようと思って電話したんです」
加奈子さん　「気を付けて行ってきてね！」
お客様　「ありがとうございます！」
　後日、お客様はお店に来店して、そのときの写真を見せてくれ、お土産を持ってきました。

③1日2000円のお客様

加奈子さん　「はい、プレミアムカレーで1400円になります！」

お客様　「あ、じゃあ、あと600円のカステラください」
加奈子さん　「まあ、ありがとうございます」
お客様　「僕、お小遣い1日2000円までなんです」
　加奈子さんが気を遣わないように、ウィットの聞いた会話にしてくださっているそうです。

④フランス人のお客様

お客様　「タッパ持ってきたから、ここに僕のお弁当つくってください！」
加奈子さん　「まあ、立派ですね。スプーンとフォークはどうしますか？」
お客様　「もちろん、自分の持ってるからいらないよ！」
加奈子さん　「フランス人はさすがね～」
　大手町は、国際色豊かなので、いろいろな国の方が働いています。でも、どうして「フランス人」とわかったのか、聞いてみました。
加奈子さん　「だって、お顔がフランス人だもの。フランス人よ！」
恵子さん　「あのお客様は、最初からフランス人だったわよ！」
　もしかしたら違う国のご出身かもしれませんが、もう9年も常連さんのフランス人さんです。

お客様の成長が見れる素晴らしさ

　その他にも、新入社員で最初はお弁当を大量に買いに来て、抱えていたお客様が中堅になり、後輩を連れてきてくれたり、時計やシャツが立派になったり、とお客様の成長が感じられるのが嬉しい瞬間だそうです。

10年くらい経つと、社長になったお客様もいます。とても誇らしくなるし、その方から周年記念には花束をいただいたこともあります。「大手町の母」として、頑張れるのは長く慕ってくれるお客様がいるからです。

転勤や出向して、2～3年すると、大手町に戻ってきてくれるお客様に、再会するのも喜びの1つです。

私たちは、同じメンバーで同じメニューを出しているだけなのですが、大手町にはそんな店がないので、懐かしいレストランとして、重宝してもらっています。

お客様との思い出は、いつまでも心に残るものです。

6 「また来てね」って言えてしまう

すぐ仲良くなることができる

加奈子さんはちょっと面白いので、ランチ時に店頭でお客様を待っているときに、いろいろおしゃべりします。お店に入って来なくても、おしゃべりできるので、このコミュニケーションスキルの高さに驚きます。これこそシニアの持つ力で、「お母さん」の特徴です。

お店の前を、今日はカレーの気分でないお客様が通ると、「浮気してもよいから、また寄ってね。浮気は3回まで許す」と言います。そして、声をかけられたお客様は、本当に近日中にやってきます。「また来てね」って、私も「居場所」を見つけられたようで、嬉しい言葉なので、もっと使おうと思います。

また行かなきゃって思いますし、「また」があるってよいことです。一生に一度しか行かないお店もあるのに、私のお店は、週に2・3回来てくれるお客様が沢山います。こんな調子なのに、なかなかの接客術です。

7　近隣店舗の若いスタッフに頼られる

近所付き合いは頻繁に

大手町フィナンシャルシティは、34店舗のレストランが入っています。居酒屋からカフェまでいろいろな業種のお店があります。都心で働く、サラリーマンの皆さんのお食事を支える仕事をしていると、私は思っています。

その中で、「蜂の家　大手町フィナンシャルシティ店」は、ちょっと不思議な立ち位置にいます。メインで提供しているのは、「カレーライス」なのですが、ファストフードレストランとしての役割だけではない日々を過ごしている気がします。

シニアがいる店の特徴で、周りの店舗と仲良くなろうとする気質があるのです。

ご近所の店舗に新しいスタッフさんが配属になったら、すぐに声をかけます。

何でも貸し借りができてしまう

お釣り銭が足りなくなったら、貸し合ったり、ランチ時に「ご飯」が足りない店舗が駆け込んでくると、貸してしまっています。お弁当を販売している店舗からは、差入をもらって喜んだり、こちらからはお菓子をあげたり、都会では珍しい「長屋形式」のお付き合いをしています。

そんな中、特に仲良しで、蜂の家の電球が切れたら取り換えに来てくれる、お隣のイタリアンの従業員の方に、ちょっとインタビューをしてみました。

【蜂の家のスタッフについて】回答者：じゅんぺい君25歳（男性）　お隣のレストランのスタッフ

――いつも何を話してますか

じゅんぺい君：売上や、営業の話をしています。あとは、主に世間話をしています。

――蜂の家のスタッフをどう思いますか

じゅんぺい君：困ったときに助けてもらえる人たちです。私にとっては、目が合ったら挨拶をして話す私の「おばあちゃん」に近いです。

――面白いエピソードはありますか

じゅんぺい君：気軽に話ができて、いつもの「日常的」な会話が楽しいです。

電球が切れたら、取り換えに行ったり、スマートフォンの操作を教えたり、近くに親しくお話ができる人がいるのは、助かります。喜んでくれるのも嬉しいです。25歳の彼にとっては、「思いやり」を分け合えるよい関係でいられるのだろうな、と話を聞くと、嬉しくなります。

8　2人に「会いたくて」来てくれるお客様

今回、「蜂の家　大手町店」を長くご愛顧いただいているお客様から、メッセージをいただきました。

こんなに素敵なことを言ってもらえるから、本当に「お店」はよいなと思ってしまいます。

【お客様：鈴木勝陽さん34歳、台湾ご出身】　大手町で働く素敵なお客様。

——月に何回いらしてますか。

鈴木さん：多いときは週に2～3回ランチやディナーにお邪魔していました。1か月で最低10回は行っていることになりますね。

実際、足を運ぶたびにこれは何回目である、と都度都度回数を覚えてお邪魔するわけではなく、ふとその週、その月を振り返ってみると、不思議とそれだけの回数、足を運んでいたことに気づくというほうが、正しい表現です。

——蜂の家の魅力は、何ですか。

鈴木さん：「都会にある実家」これは私の中で蜂の家さんの魅力をぎゅっと言い表すのに相応しい表現かと思います。まだ学生の早い頃に海外にある実家を離れ、日本の地で親元を離れて立身し、東京のビジネス街で働く私だからこそ、殊更「実家」に似た魅力を蜂の家さんに感じたのかも知れません。

その魅力の正体は何なのでしょうか。私が蜂の家さんに伺うときは決まって、ランチのラッシュアワーをずらした人気の少ない時間帯です。お店に入るときの引き戸スタイルも日本家屋テイストであたかもその先に畳部屋が広がっているかのよう、そして顔を見るや笑顔で迎えてくれる恵子さん・かなこさん、1人でもゆったり座れる広いテーブル席に案内いただき、注文の前に少しの談笑も楽しみの1つ、そして注文後の料理を待つ間もまた談笑のよき隙間で、また1つ密かな楽しみでもあります。

ランチのラッシュアワー時を避けるのは、このゆったりとしたランチ時間が心地よいからです。多くの飲食店で感じるコスト効率性や回転率など店舗経営の原理原則が前面に出る雰囲気・接客ではなく、実家の母に似たような、久しぶりに帰省した息子・娘を包容するようなおもてなしの心・愛のある接客が、魅力の本質と、思います。

——どうして蜂の家を選んでくださったのですか。

鈴木さん：サラリーマンがお昼時に求めるものは、決して胃袋の満腹感や味の美味しさだけではなく（もちろんそれだけでもよいのですが）、蜂の家さんにはそれ以上のものがあり、癒し・落ち着き・人情・心の温かさといった、実家に帰省したときと同じ心情的な要素があるから、私は蜂の家さんを選ぶのです。

人々の経済行為や勤労経験の蓄積の場としてのビジネスタウンの中に、蜂の家さんはある意味で、都会にある精神的支柱であり、息継ぎをさせてくれる大事な「家」なのです。

――これからも蜂の家を応援していただけますか。

鈴木さん：間髪いれずに「Ｙｅｓ」です。飲食業のサステナビリティが多面的に問われている時代になりました、国連のＳＤＧｓをはじめ、飲食店1つひとつにとっても従来のフードシステムの延長ではなく、「調達」「環境」「社会」への配慮が求められる等、やるべきことやれることは非常に多くなっていると思います。蜂の家さんには、その中で末永く活躍していただきたいと応援する気持ちでいっぱいです。

上述の「社会」側面に通じますが、お客様との心情的な繋がりがあるお店は、強いです。お客様の心に寄り添えるお店はこの厳しい時代に、「お店とお客様」の関係性をこえて、「同じコミュニティーの一員」に発展します。個々のお客様の心に強く刻まれている繋がりから、互いに支持されると信じています。私自身が、足を運びたいと常々考えていますす。そのような素敵なお店が、私にとっての蜂の家さんなのです。

9　大手町で受け継がれる「口コミ」

広報部長をしてくれるお客様がいる

お店を開店してから、たくさんのお客様にご来店いただいています。

もう10年近く営業していますから、20万人以上のお客様に支えられて今日があります。

嬉しいことに、週に何回も来てくださる方は、ご自身のご利用だけではなく、「口コミ」をたくさんしてくれます。

大手町フィナンシャルシティ店は、大企業が多いですから、先にお話したとおり、異動がつきものです。

でも、同じ会社の方が、お弁当をまとめて注文してくれて、多くの同僚を連れて来てくれます。

「モルガン・スタンレー」という会社では、私たちのお店を応援してくれている人がいて、その方が、リーダーとなって広報活動をしてくれています。

蜂の家にお客様が絶えないようにしてくれる方法

その方法に私たちはいつも泣かされています。カレーのお弁当を注文して社内で配って「味」を宣伝してくださり、「蜂の家、よいお店だよ」と言って、代々引き継いでくれるのです。

店頭のお土産も同様で、新商品を並べる度に大量に購入して、社内に差し入れしてくれます。カステラや豆菓子などの長崎物産を、会社の中で、皆さんが手に取りやすい場所に置いてくださっているようです。

「美味しい」と言ってくれる後輩や同僚の皆さんに、「蜂の家で売っているよ」と必ずご案内をしてくださっているのを、私たちが知るのはご本人からではありません。

「美味しかったから、買いに来ました」と言ってくださるリピーターの方は、ほとんどが会社で一度、食べたことがあるのです。

そのときに「あ〜あのお客様が、皆さんに言ってくださったんだ」と気がつきます。

大手町でよかったと思うこと

こんな紳士的で優しい人が働いている「大手町」ってなんて、魅力的な街なんだろうと思います。

異動や転勤になっても、忘れず「口コミ」をしてくださり、まだ戻ってきてくれることがどれほどありがたいか、日々感動しています。私たちのような小さな家族経営のお店が「モルガン・スタンレー」の中で、「行ったほうがよいお店」として受け継がれてもらっているのは奇跡的です。

「お店」にはドラマがあります。一見、飲食店は厳しい仕事のように思われるかもしれませんが、食べるものを通じて「やり甲斐」のある仕事ができることはとても素敵なことです。

お客様に引っ張ってもらったホールのお仕事

加奈子さんは、60歳で「カレー屋さん」デビューしました。ちょっと前までは、定年してしまう年齢で、私のお店に就職をしました。

最初はレジが打てないし、1時間に１００名近くのお客様が見える忙しい店舗に、慌てふためいていました。

でも、人っていつまでも成長できるものなんですね。

今では何でもできるようになりました。

そして、長くやって「看板娘」のような存在になりました。

もともと相当なお節介ですから、男女関わらずファンがつきました。

最初はキツそうだった勤務も徐々に慣れていって、頑張っているなと思います。

でも、未だにすごいのが、お客様に「いつもの頂戴」と言われて、「わかりました！　いつものね！」と言っておきながら、違うメニューを出してしまうところ。

お客様もわかっていて一瞬困惑しますが、「大丈夫！　それがいつものですよ」と優しく受け止めてくれます。

お支払いもお客様に手伝ってもらう

ＱＲコード決済が導入されてから、加奈子さんはまた大変そうでした。

慣れないので、どうしていいかわからないのです。そんなときもお客様がすべて手伝ってくれて、支払いまでしてくださいます。

加奈子さんの可愛いキャラクターとシニアであることによって、「叱られない」のかもしれませんが、お客様の心が広いということは間違いないです。

私たちは、お客様に恵まれています。大手町フィナンシャルシティは、シニアを受け止めてくれる素敵な場所です。

10 「カレー姉妹」から伝えたいこと

私も成長できた運営方法

今回、私の母と叔母の話を書くことにしたのは、弊社のあり方が特殊であるからです。会社をつくったときに、「家族経営」で行こうと思っていたわけではありません。手伝ってもらっていたら、いつの間にか「今」の形になっていて、皆の生活や人生を支えるために「お店」を経営することになっていました。

私も母も、叔母も15年の月日を一緒に働いてきましたが、まだ成長中です。

家族ですから、大変に揉めることもあります。でも「辞めない」のが、普通の会社やお店と違っています。

母は私の本当のママですが、私の娘のような振る舞いをします。叔母は、昔から天真爛漫で、優しくてお人よしです。「大手町のカレーライス屋さん」は、この姉妹で切り盛りをしていて、素敵なお客様に愛されています。

70代だってまだまだ現役

2人のことを書いてみたくなったのは、現役で都心で働く「人生の先輩」がいることを、少しでも多くの方に知っていただきたかったからです。将来の不安って、「働き続けること」によって消えてなくなるんだと伝えたくなりました。

「年齢のこと、書かないでよ」と母から女性らしい苦情を数回受けましたが「大丈夫、大丈夫、きっと勇気をもらう人がいるから」と説き伏せて、そのまま載せることにしました。

私の会社は、母の年齢が上がる度に、「定年の延長」をしてきました。それは、もちろん母のためでもあるけれど、こういう会社がもっと増えればよいなという願いもあります。母が苦しくならない勤務体系や勤務地を考え、叔母が1日でも長く、お客様に寄り添えるような店舗運営を実践できれば、世の中に少し貢献できるのではないかと思い続けています。

当たり前の毎日が身も心も健康にする

毎日、真面目に「カレーライス屋さん」に通勤し、大手町で働く皆さんのランチをつくって、接客して、お客様とおしゃべりして、電車に乗って帰る。その繰り返しが、普通に行われていることに、最近は感動してしまいます。

さあ、1冊の「本」にすると決意をするときに、鹿児島の霧島市にある「天空の森」に行きました。私にとっての「実家」のような落ち着く場所です。このリゾートを創られた田島社長は、母と同世代で、楽しくてとても尊敬する先輩です。いろいろなことを教えてくださったし、いつも素敵な刺激を頂戴しています。

ここで、母と叔母と「お店」のことを、どういう風に描こうかなと考えてみたくなりました。銀座と大手町を遠くから思ってみたら、「子ども帰り」してしまいました。母と叔母は幼いときの私には大きな存在だったのに、今は私のお店で働いていて、私のほうが大きくなってしまって、不思議です。

続けたい理由

母と一緒に仕事をするのは、私はとてもよいと思っています。ぶつかることも多いですし、お互い言い過ぎることもあります。でも、一緒に成長することができました。一緒に歳を取って、素直に思いやれるようになりました。

このままずっと、「大手町のカレーライス屋さん」をやっていけたらよいなと心から思っています。

【図表41　大手町の過ごし方パンフレット】

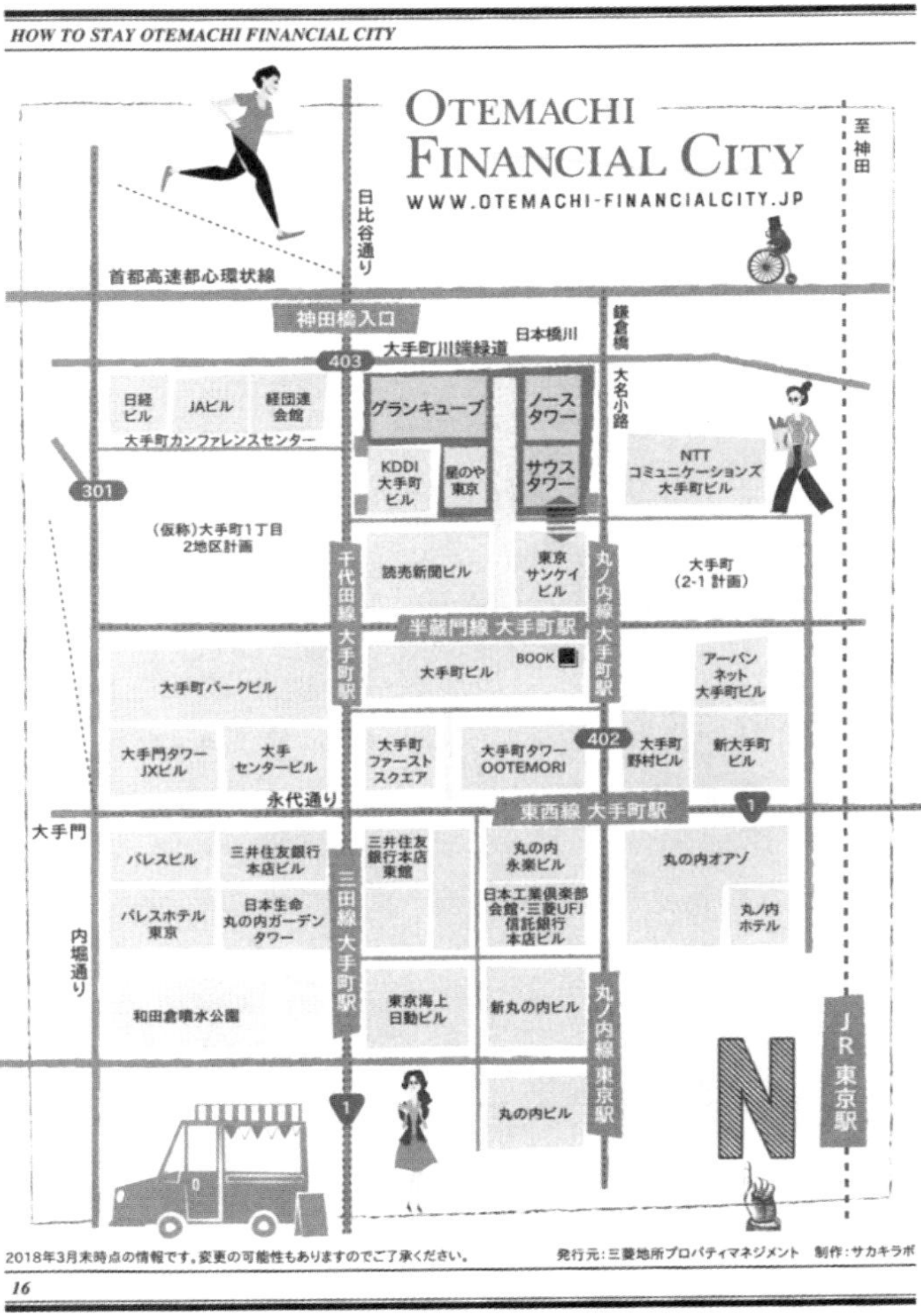

11 「長崎・佐世保」の蜂の家について

①好きで「のれん分け」してもらったこと

佐世保市出身の方なら、誰もが知っている「レストラン　蜂の家（はちのや）」は、１９５１年創業の老舗です。名物は、カレーとシュークリームで、私も子どもの頃から食べていました。

ただ「好き」というだけで、銀座と大手町に出店させてもらっています。

よく親戚なのではないかと、思われますが、「好き」だけで繋がっている新しタイプの仕事の仕方だと思います。

②一緒に「１００年企業」になりたい

せっかく、東京で頑張れる基盤があるので、私の務めは「蜂の家」を多くの人に知ってもらう活動をすることだと思っています。

東京は、商業的に力のある場所なので、これからも沢山のメディアに紹介してもらい、海外進出も視野に入れて努力したいと考えています。

微力ではありますが、佐世保の皆さんと一緒に１００周年を目指せるように精進したいです。

【図表42　佐世保・蜂の家マッチデザイン】

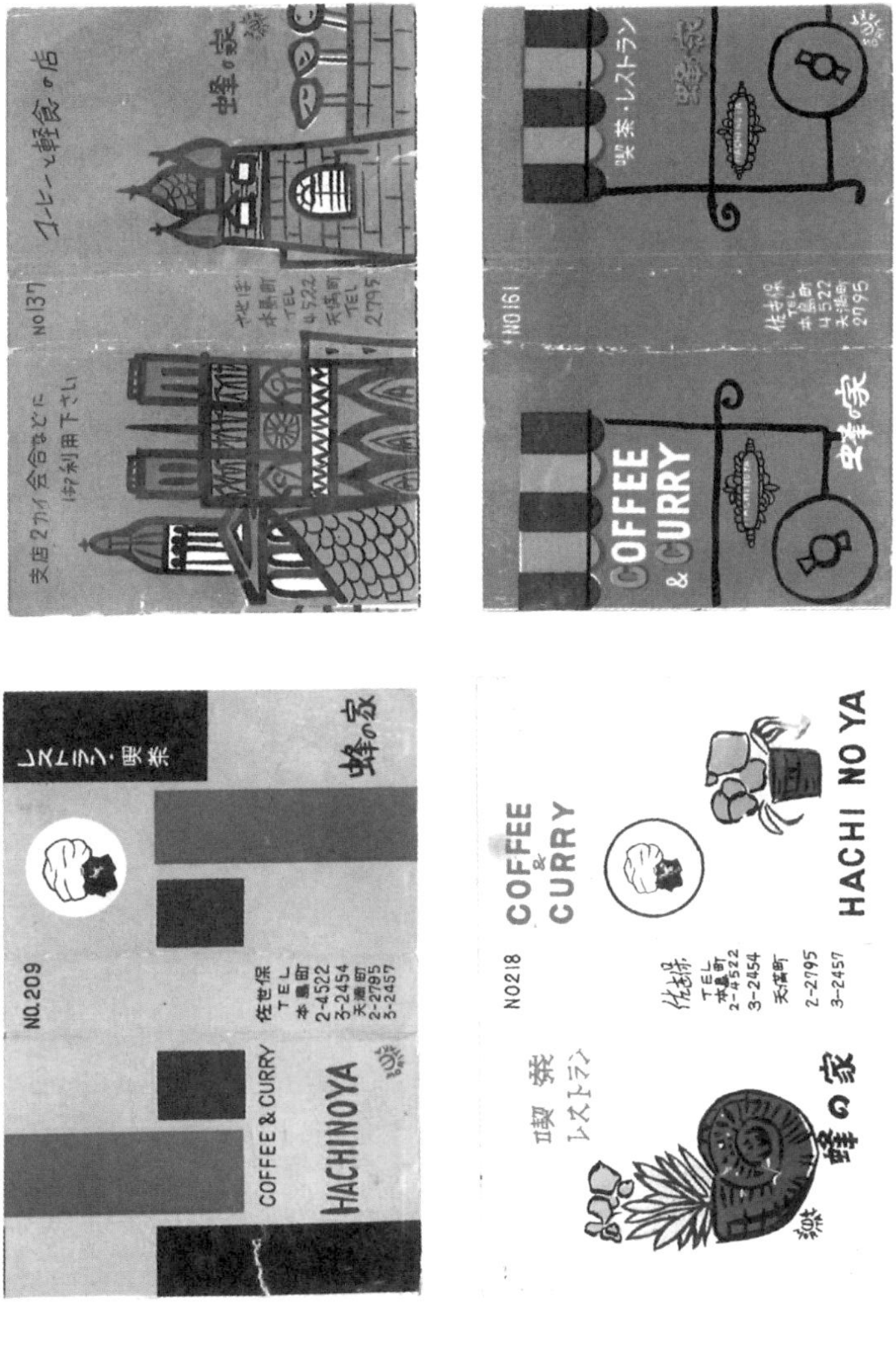

③「歴史」が物語ること

蜂の家は、昭和の風情を思い起こすことのできる商品が沢山あります。

カレーのレシピは、先代が戦争中にスパイスの勉強をして生まれました。佐世保が軍港ということもあって、「海軍カレー」をイメージされることが多いですが、先代がフレンチの料理人だったので、フランス料理をルーツとしています。

甘辛い欧風のビーフカレーは、多くの方の心に残る味です。

名物ジャンボシュークリームは、洋菓子がまだ世の中になかった頃から、親しまれた商品です。甘くてフルーツの入ったシュークリームは、とてもハイカラで、デートやお見合いの場でも度々登場したと聞いています。

④思いを馳せることができる

東京にお住まいの長崎出身の方は、遠くの「故郷」に思いを馳せることがあります。

帰るのに、時間とお金がかかりますし、とにかく「遠い」ので、思い切らないと行けない場所です。佐世保に日帰りは、できません。

故郷が遠くにある人なら、同じような経験をしていると思いますが、勉強のためであっても、仕事のためであっても、都会で暮らし始めると、独特の孤独を感じます。

ある程度、大人になってから、生活する環境や、取り巻く人々が、がらりと入れ替わるからです。

【図表43　シュークリームの生地】

自分の力で、新しい生活に馴染んでいかなければなりません。

食文化も言葉も、全く違う場所から、やり直すことになります。そんなとき実家から届く荷物に入っている「子どもの頃に食べたもの」が、心に沁みることがあります。その味は、懐かしさと同時に、元気をもたらしてくれます。「ものすごく美味しい」と感じます。

幼い頃に味わった食事は脳に直接的に働きかけ、情緒を安定させる力があるのではないかと思います。

「蜂の家」が東京にやってきて、お客様に「持ってきてくれて、ありがとう」と声をかけていただけるのは、遠い昔の記憶に出会うことができるからではないかなと思います。

⑤魅かれあう、思い焦がれる

これは私と「蜂の家」のことです。

お互いに刺激し合い、どうすれば続けられるかを考えた商品開発をし、未来へつなげようと必死になっています。

まるで、遠距離恋愛のようです。遠くにいても続けられる仕組みができ上がったのは、「魅かれあう」「思い焦がれる」何かがあったからこそです。

これからも大切に育てて、更に立派な企業になれるように、支え合っていければいいなと思っています。

おわりに

何年か前に、パプアニューギニアにてあるイベントに参加させていただきました。

サーフィンをされる方には、たまらない「美しい波」が打ち寄せる村にあるホテルで、カレーライスをつくることになったのです。

少し貧しい村でしたので、地元の子どもたちは拾ってきた板でサーフィンをしていました。

そこに日本のプロのサーファーたちがサーフボードを寄付して、サーフィン教室を開いたのです。

私のミッションは、この美しい村のコテージへ宿泊されるゲストに向けて「カレーライス」をつくることでした。

カレーのルーとレシピを持って、パプアニューギニアに行きました。首都ポート・モレスビーから、国内線でさらに2時間のフライトの後、トラックで2時間半かけて、目的地に到着しました。

海も風も波も美しい10室しかないホテルに辿り着きました。

村の子どもたちは可愛く、すぐに仲良くなりました。

イベントの最終日に、メインのお料理として、日本のカレーライスを２００食つくりました。

現地の市場でお買い物をして、ホテルで働くレストランのスタッフと一緒に野菜を切るところから始めて、夕食に間に合わせました。

おかげさまで、カレーライスはとても人気で「あっという間」にお品切れになりました。

子どもたちにも、大好評でした。

最後の1皿は、10歳くらいの男の子に渡しました。

彼は、深々とお礼を言って、大事そうにカレーのお皿を持ったままイベントに参加していました。

「食べないの?」と聞くと、「家に弟と妹がいるから、持って帰りたい」と言います。

もっと沢山つくればよかったと思いました。

お腹空いていても、「まず兄弟のため」という姿勢に心打たれました。

料理を一緒にしてくれたホテルの人に聞いたら、この少年は家まで1時間以上歩くということでした。

日本は豊かな国になってしまって、見えなくなってしまったものがあります。

ここの子どもたちは、ちゃんと「思いやり」を知っています。「誰かのため」が当たり前のこの村に、またカレーライスを持って訪れたいなと思いました。

私が経営しているのは、東京の都心にある小さなレストランです。そんなにカッコいい仕事ではないかもしれないけれど、その土地の「お食事」を提供できる仕事ができて、よかったなと思います。人の役に立てます。

アップル社の創業者スティーブ・ジョブズが「もしも今日が人生最後の日だとしたら、今日やる予定のことを、自分は本当にやりたいだろうか」と自身に問いかけていたと言います。

私は、明日も明後日もずっと、「お店」を経営していくと思います。

今、自分にできること、得意なこと、好きなことを追いかけることこそ、最善の道なのではないかと信じています。ぜひ、「お店屋さん」チャレンジしてみてください。好きなことなら、楽しい人生になると思います。

最後になりましたが、本書の執筆にあたりお世話になった三菱地所の岸本さん、丸岡さん、蜂の家の田渕社長、天空の森の田島社長、そして、すべての方々にこの場を借りて、厚く御礼申し上げます。

2021年5月

櫻澤　香

著者略歴

櫻澤　香（さくらざわ　かおり）

長崎県出身。起業家。作家。研修講師。

金融業界での事務職を経て、ルイ・ヴィトン・ジャパンへ転職。常にトップの売上成績を保持。

その後、グローブ・トロッター・ジャパンの営業部長として、国内、海外の店舗展開を手掛ける。

2005 年に独立。レストラン、カルチャースクール、旅行代理店の経営を行う。

主な著書に『上質で選ばれる接客の魔法』（日本実業出版社刊）『小さな会社経営者のための多角経営術』（セルバ出版刊）がある。

http://www.stream-t.com/ （株式会社ストリーム）

Art Director　OSAMU MATSUKAWA
Special Thanks　YASUHIRO MORIYA
　　　　　　　　TOYO SUZUKI

大手町のカレーライス屋さん
～私の母75歳と、叔母68歳できりもりする都心の小さなレストラン

2021年６月25日　初版発行

著　者　櫻澤　香　

発行人　森　　忠順

発行所　株式会社 セルバ出版
〒 113-0034
東京都文京区湯島 1 丁目 12 番 6 号 高関ビル 5 B
☎ 03（5812）1178　　FAX 03（5812）1188
http://www.seluba.co.jp/

発　売　株式会社 三省堂書店／創英社
〒 101-0051
東京都千代田区神田神保町 1 丁目 1 番地
☎ 03（3291）2295　　FAX 03（3292）7687

印刷・製本　株式会社 丸井工文社

Printed in JAPAN
ISBN978-4-86367-668-8